일본에 대한 새로운 생각

시사일본어사

극일克日 하려면 지일知日 필요해

31년간의 언론사 생활을 마감하고, 2020년부터 학생들에게 강의를 하고 있다. 1990년 초 신문사 국제부 근무를 계기로 일본에 대한 관심을 처음 가지게 됐다. 2000년 1년간의 일본 대학 연수를 시작으로 세 차례 일본에 거주했다. 취재 현장에서 한·일의 변화상을 지켜볼 수 있었던 것은 개인적으로 큰 행운이었다.

한국과 일본은 1965년 국교 정상화 이후 가까워지기도 하고, 멀어지기도 했다. 도쿄특파원으로 일하던 2000년대 중반, 드라마와 한국 음식을 중심으로 '한류붐'이 불었다. 그러던 양국 관계가 일본의 대한국 수출 규제로 얼어붙으면서 2020년에 최악의 국면에 빠져들었다. 한국에서는 '반일', 일본에서는 '혐한'을 외치는 목소리가 커졌다. 게다가 코로나 장기화로 양국 간 하늘길도 막혀 관광, 무역, 취업, 유학 등에서 큰 피해가 발생했다.

〈일본에 대한 새로운 생각〉은 '일본을 어떻게 볼 것인가'와 '일본을 어떻게 활용할 것인가'에 대해 쓴 책이다. 역사를 보는 시각에 따라 '일본'에 대한 평가가 다소 다를 수 있다. 글로벌하고 객관적으로 일본을 보자는 게 필자의 관점이다. 그래야 대한민국의 지속적인 발전과 국민들의 삶 개선에 도움이 된다.

1965년 한일국교 정상화 이후 양국 간 국력 격차는 크게 좁혀졌다. 2019년의 1인당 GDP(국내총생산)는 한국 3만1,937달러, 일본 4만1,021달러로 30%도 차이가 나지 않는다(IMF 통계). 일본이 선진국에 본격 진입한 1973년의 경우 일본 3,999달러, 한국 407달러로 약 10배 차이가 났다. 인구수를 곱한 GDP의 한·일 격차는 1980년 17.10배, 1990년 11.22배, 2000년 8.69배, 2010년 5.19배, 2019년 3.12배로 줄었다. 경제력이 다는 아니지만, 실로 대한민국의 눈부신 성장이다.

광복 75년, 국교 정상화 55년이 지났지만, 한국과 일본 간 풀어야 할 과제들이 남아 있다. 극우 보수 성향의 아베 신조 총리가 9월 물러나고 스가 요시히데 총리가 취임했으나 한·일 관계 정상화까지는 갈 길이 멀다. 2000년대 들어 대한민국은 크고 작은 시련을 겪고도 꾸준히 전진해왔다. 근대화와 산업화에 일본보다 한참 뒤졌던 한국이 국력을 키우며 양국 간 세력이 균형을 찾아가는 과정에 있다. 반도체, IT 등 일본을 앞서기 시작한 산업도 나타났다. 국민 모두가 맡은 분야에서 열심히 일하고, 애쓴 덕분이다. 이 과정에서 일본의 지식과 기술, 자금도 역할을 했다.

국제 사회에서 '힘은 곧 정의'이다. 코로나 사태가 장기화하면서 보호무역과 자국 이익 우선주의가 확산됐다. 수출 의존도가 높은 한국이 생존하려면 산업 경쟁력 강화가 불가피하다. 기초 산업과 과학기술에서 아직은 일본과 상당한 격차가 있다. 앞으로 한국의 발전 과정이 일본과 같은 길로 가지는 않을 것이다. 그럼에도, 일본에 대한 탐구는 우리의 미래 준비에 유용하다.

저출산, 고령화, 인구 감소에서 우리보다 10~20년 앞서간 일본의 사회 구조 변화도 주목된다. 그들의 변화상을 잘 살펴보면 우리에게 필요한 정보, 지식을 찾아 활용할 수 있다. 10여 년 전부터 급증한 한국 젊은이들의 일본 취업에도 관심을 가질만하다. 저성장기에 들어선 대한민국의 경제 상황을 고려할 때 일본 시장에 좋은 일자리 기회가 있다.

이 책은 일본 대학(원) 입학과 일본 기업 취업 준비자를 대상으로 만들었다. 2020년에 발생한 일본의 정치, 경제, 사회 이슈를 다룬 필자의 〈헤럴

드경제〉 칼럼을 기본으로 했다. 하지만, 표피적인 뉴스에 빠지지 않고, 그 내면 구조를 이해할 수 있도록 했다. 독자들이 일본에 대한 기초 지식을 쌓을 수 있게 매 칼럼 뒤에 '키워드'를 보충했다.

대학 입학이나 기업 입사에 필요한 논술, 자기소개서, 면접 등에 필요한 글쓰기 교재로도 활용할 수 있다. 신문 칼럼은 제한된 지면 안에 메시지(주장)를 전달해야 한다. 글의 구성이 논리적이어야 하고, 문장이 간결해야 한다. 각 칼럼은 200자 원고지 7.5매 분량이다. 학생들의 입학과 취준생들의 입사 대비에 도움이 됐으면 하는 바람이다.

이 책은 32년째 일본에 관심을 가지고 있는 저널리스트의 기록물이다. 그간의 현장 경험과 지식을 최대한 살려 일본학 입문자들에게 도움을 주려는 취지로 만들었다. 막상 결과물을 내놓고 보니 많은 부족함이 느껴진다. 독자들의 애정 어린 질책과 격려를 기다린다.

끝으로 이 책이 세상에 나오기까지 많은 분들의 도움을 받았다. 평소 일본에 대한 관심을 지속할 수 있도록 조언을 해주신 이종윤 한국외대 명예교수(전 한일경제협회 부회장)과 최상철 일본 간사이대 교수(상학부)께 고마운 말씀을 드린다. 재일교포 박혁신 파이낸셜플래너는 일본 현장에서 좋은 정보를 많이 보내줬다. 고정 칼럼 아이디어를 주고, 귀한 지면을 제공해준 헤럴드경제의 권용국, 전창협 두 논설실장께도 많은 신세를 졌다.

출판을 적극 지원해준 시사아카데미의 엄태상 대표께 특히 감사드린다. 시사일본어학원의 심우익 원장과 시사북스의 권이준 부장은 책이 나오는 과정에 큰 도움을 줬다. 평소 늘 곁에서 격려해 주고 칼럼에 대해 비판을 해준 아내 박미선에게 이 자리를 빌어 고마움을 전한다.

2020년 11월 서울 명륜동에서

최 인 한

최근 한일 관계가 심상치 않습니다. 원인이 어디에 있든, 누구의 책임이 더 크든, 세계가 한 울타리 안에서 톱니처럼 맞물려 굴러가는 글로벌 경제 시대에 두 나라, 특히 한일 기업에 불행하고, 치명적이고 손해가 되는 일입니다. 양국 관계가 하루빨리 정상화되어 '가깝고도 먼 나라'에서 '가장 가깝고도 가까운 나라'가 되었으면 하는 바람입니다. 더욱이 지금 세계는 경제 전쟁 중 아닙니까?

세계 경제 전쟁의 전사는 대통령도 아니고 정치인도 아닙니다. 바로 기업, 기업인입니다. 기업의 글로벌 경쟁력을 높이는 일이야말로 우리 경제가 살 길이라고 봅니다. 그런데, 경쟁력을 가지려면 알아야 합니다. "아는 것이 힘입니다." 그중에서도 우리와 세계시장에서 가장 치열하게 싸우는, 또 앞으로도 싸워 이겨야 할, 숙명적 라이벌인 일본과 중국의 기업과 문화 등을 알아야 합니다. 그것도 피상적이지 않고, 깊숙이 분석하고 철저하게 알아야 합니다.

이런 의미에서 단순한 혐일嫌日은 극일克日의 길이 아닙니다. 분석해서 아는 것, 즉 지일知日이야말로 극일의 지름길입니다. 마침 이런 때, 최인한 소장이 언론사의 주일 특파원, 일본 대학에서의 연구 경험 등을 바탕으로 살아 숨 쉬는 생생한 일본 문화, 경제 등에 대한 정보와 지식을 제공하게 된 것은 참 다행스러운 일입니다. 특히, 기업인, 취업 준비생, 학생들에게 좋은 길잡이가 될 것으로 기대합니다.

책 출간을 축하합니다.

현명관
(전 삼성물산 회장)

일제 강점기 징용공 배상문제가 발단이 되어 지금 한·일 간에는 외교적 긴장 상태가 계속되고 있다. 이러한 관계가 반영되어 민간차원에서도 상대국 상품의 불매운동이 그치지 않고 있다. 그럼에도 불구하고 한·일은 인접한 국가로 1960년대 이후 긴밀한 경제협력 관계를 지속시켜 왔다는 점에서 서로 간에 이해를 높이고 경제협력을 일층 강화시켜 가는 것이 한·일 양국에 이익이 된다는 점은 양국의 지식인들이 대체로 인정하고 있다.

한국경제신문에서 도쿄 특파원을 지낸 이래 오랫동안 일본 전문가로 활동해오고 있는 최인한 소장이 금번에 〈일본에 대한 새로운 생각〉을 출판하게 된 것은 일본에 관심을 가지고 일본 유학 및 일본 관련 업무에 종사하는 사람들에게 일본 이해에 극히 유익한 길잡이가 될 것으로 확신한다.

이 책의 구성은 일본 사회의 핵심을 이해할 수 있는 25개 키워드로 구성되고 있는데 그야말로 금과옥조다. 일본에 관심을 가지고 일본 관련 일을 해보고 싶은 사람에게 일독을 권하는 바이다.

이종윤

(한국외대 명예교수)

최근 한국에서 제기되는 일본 관련 담론은 어느 정도 일치된 특징이 있
는 것 같다. 단적으로 1980년대 '재팬 애즈 넘버 원Japan as Number One'
의 시절, 일본경제와 기업 경영에서 배울 점은 적지 않았으나, 버블경제 붕
괴가 시작된 1990년 이후 지금까지 여전히 경제적 침체상태에서 벗어나지
못하고 또 글로벌사회에서 리더십을 발휘하지 못하고 있는 일본에 대해
상당히 냉소적인 견해를 피력한다.

그러나 이 책은 다른 시점에서 쓰여졌다. 한국경제신문의 도쿄 특파원
과 간사이 지역 대학에서 객원교수를 역임한 저자는 사회과학자로서의 이
성적 분석보다는 참여관찰자로서의 감성적 이해를 중시했다. 오히려 지금
이야 말로 지일知日이 필요하다는 시점을 가지고 이 책을 썼다.

세상의 모든 성공의 방식은 제각각 다르나 실패의 유형은 닮은 점이 많
다. 달리 말하면 성공은 환경과 운에 따른다는 점에서 우연성을 내포하나,
실패는 필연적으로 공통성을 가진다. 이 점에서 일본의 시행착오와 실패
의 역사에서 한국이 배울 점은 여전히 많다는 것이 각 칼럼의 행간에 공통
하는 메시지이다.

최상철

(일본 간사이關西대학 상학부 교수)

②장 일본의 경제와 기업

일본의
정치와 총리

1장

스가 일본 총리 시대, 극일법克日法

스가 요시히데(72)가 2020년 9월 16일 제99대 일본 총리에 취임했다. 극우 보수파 아베 신조 총리가 물러나고 7년 9개월 만에 새 지도자가 등장했다. 세습의원이 아닌 무파벌 출신 스가 총리는 일본 정계에서 입지전적인 인물이다. "취미가 일하는 것"이라고 밝힌 스가정권에서 한·일 관계가 복원될 것인가.

총리가 바뀐 후 도쿄의 일본인 저널리스트들에게 물어봤다. "스가는 어떤 사람인가요?" 진보 성향 일간지 기자가 속내를 살짝 전해줬다. "방어는 잘 하는데 자신의 생각은 없어 보여요. '넘버2' 자리는 괜찮은데 리더가 될 수 있는 사람은 아닌 듯합니다." 밤낮 열심히 일하지만, 국가를 바꿀 비전을 가진 정치인은 아니라는 의견이다. 스가 총리는 코로나 위기 국면에서 안정적으로 국정을 운영하는 행정

가형 총리가 될 공산이 크다.

스가는 취임 후 아베정권의 내정과 외교 정책을 이어가는 행보를 분명히 했다. 자민당과 내각 인사에서 5대 파벌의 철저한 '나눠먹기' 인사가 확인됐다. 아베의 최측근이 2인자 자리 관방장관에 기용됐고, 아베 친동생은 방위상에 임명됐다. 외교, 재무 등 핵심 장관들도 유임됐다. 그가 선거 과정에서 스스로 강조했던 '개혁 총리'와는 다소 거리가 멀어 보인다.

물론, 경쟁자였던 기시다 후미오, 이시바 시게루 의원이 새 총리가 됐어도 일본의 국정 방향이 크게 달라지진 않았을 것이다. 국익을 최우선 하는 보수 우파 집권당의 정책이 유지될 것이기 때문이다. '1965년 체결된 한일 청구권 협정이 한·일 관계의 기본'이라는 게 자민당의 공식 입장이다. 그런 면에서 징용 배상 문제와 반도체 소재 수출 규제로 꼬인 한·일 관계가 스가정권에서도 시원스럽게 풀리기를 기대하긴 어려울 듯하다.

국가 간 이익이 첨예하게 부딪치는 한일관계를 총리 개인의 성향에 따라 예측하는 것은 근시안적인 시각이다. 현재 한일관계를 '리밸런싱재균형 단계'로 보고 균형점을 찾는 게 중요하다고 주장하는 국제정치학자들이 꽤 있다. 일본의 대한국 견제 조치들이 잇따르는 것도 1965년 국교 정상화 당시 기울어졌던 양국 간 국력 격차가 좁혀지면서 일어나는 현상이다. 2019년 7월 시작된 일본의 수출 규제에 대해 큰 피해 없이(?) 어느 정도 대응할 수 있었던 것도 우리나라의 산업 경쟁력과 경제력이 뒷받침된 덕분이다.

몇 가지 수치로도 한일 재균형 과정이 확인된다. 2019년 1인당 GDP(국내총생산)는 한국 3만1,937달러, 일본 4만1,021달러로 30% 차이도 나지 않는다. 일본이 선진국 대열에 들어선 1973년의 경우 일본 3,999달러, 한국 407달러로 약 10배 차이였다. 한·일 GDP 격차는 1990년 11.2배, 2000년 8.6배, 2010년 5.1배, 2019년 3.1배로 줄었다. (IMF 통계)

올해로 광복 75년, 한·일 국교 정상화 55년이 지났다. 그럼에도 양국 간 풀어야 할 정치, 외교, 경제 과제들이 적지 않다. 지금은 근대화와 산업화에 일본보다 한참 뒤졌던 한국이 국력을 키우며 다시 균형을 되찾아가는 과정으로 볼 수 있다. 스가총리 시대를 맞아 국익 관점에서 대한민국이 가야 할 큰 방향을 한번쯤 재점검하는 것도 필요할 듯하다.

· 스가 요시히데 총리는 누구? ·

2020년 9월 16일 취임한 스가 요시히데 제99대 일본 총리는 세습의원과 파벌이 좌우하는 집권 자민당에서 보기 드문 무파벌 비세습 의원이다. 기시 노부스케 전 총리를 외조부로 둔 전임 아베 신조 총리와 대조적인 경력을 갖고 있다. 아키타현 딸기 농가의 장남으로 성장했으며, 고교 졸업 후 도쿄로 상경했다. 종이상자 공장 등에서 일하며 등록금을 마련한 뒤 호세이대학에 입학했다.

스가 총리는 대학 졸업 후 민간 기업을 거쳐 국회의원 비서관으로 10여 년간 일했다. 요코하마 시의회 의원(8년)으로 경력을 쌓은 뒤 1996년 중의원 의원에 처음 당선됐다. 의원 초기에는 다케시타파, 기시다파에서 활동했으나 현재는 무파벌로 정치를 하고 있다. 2012년 12월 발족한 제2차 아베정권에서 2인자인 관방장관으로 기용돼 7년 9개월간 활동했다. 북한의 미사일 발사 등 위기 국면에서 안정적으로 대응했다는 평을 듣고 있다.

그는 2019년 4월 새로운 연호인 레이와令和를 발표하며 국민적 인기를 얻고 지명도를 높였다. 휴대전화 통신비 인하, 외국인 노동자 입국 확대 정책을 주도했다. '후루사토고향 납세' 제도 등 지방 중시 정책을 이끌고 있다. 매일 아침 40분의 산보와 100회 복근 운동이 건강 관리 비결. "취미가 일하는 것"이라고 할 정도로 지독한 업무광이다. 가족으로는 부인과 아들 셋을 두고 있다. 좌우명은 "의지가 있으면 길이 있다"

사무라이의 나라 일본, 독해법
讀解法

　일본은 '사무라이무사'의 나라이다. 근대화와 산업화를 가져온 1868년 메이지유신의 주체 세력은 하급 무사들이었다. 2020년대 현재도 정치, 경제, 문화 등 권력자들의 상당수가 유력 가문 후손들이다. 국회의원들의 25% 이상이 세습 의원이다. 아베 신조 전 일본 총리, 고노 타로 행정 개혁 담당 대신도 명문가 출신이다. 총 9년간 장기 집권했던 아베 총리는 "현대 일본을 만든 메이지유신 주역들을 존경한다"며 '강한 일본의 부활'을 국정 목표로 내걸었다. 사무라이 계급은 사라졌지만, 지배층의 뿌리는 '무사정신'이라고 해도 과언이 아니다.

　2019년 7월 시작된 '한일 경제전쟁'의 배경을 이해하려면, 일본의 역사와 문화를 알아야 한다. '지피지기知彼知己'가 돼야 장기전에서 이길 수 있다. 지도자들의 '언어'에서 그들의 숨은 생각을 읽을 수 있다. 일본 정부가 반도체 핵심소재를 대상으로 대한국 수출 규제를 발표하자, 다수 전문가들이 2019년 7월 하순 실시된 참의원 선거용이라는 분석을 내놨다. 1회성 통상 공세가 아니라 전면전으로 확전될 가능성이 높다고 예상한 전문가들은 소수였다.

아베 총리는 7월7일 "根底にあるのは約束を守るかということ, 彼ら(韓国)が言っていることは信頼できない。약속을 지킬지, 안 지킬지가 근본적인 것이다. 한국 측이 말하는 것은 신뢰할 수 없다."고 언급했다. 한일 경제전쟁을 예측한 전문가들은 "信頼できない신뢰할 수 없다"에 주목했다. 일본의 공식 대화에서 상대방에게 거의 사용하지 않는 표현이기 때문이다.

일본 전국시대에 "신뢰할 수 없다"는 선전포고와 같은 의미로 쓰였다. "신뢰할 수 없다"는 말을 들으면, 결백을 증명하기 위해 '할복'을 하거나 결투로 한쪽이 목숨을 내놔야 하는 엄중한 용어였다. 지인인 일본인 교수는 "50년 이상을 살아오면서 '신뢰할 수 없다'는 말을 들어보거나 사용한 적이 없다"고 설명했다.

고노 타로 행정 개혁 담당 대신(7월 당시 외상)도 한국에 대한 불만의 심정을 언어로 표출했다. 그는 7월19일 주일 한국대사를 만난 자리에서 "韓国側の提案は全く受け入れられるものでない。極めて無礼でございます。한국측 제안은 전혀 받아들일 수 없다. 매우 무례한 것입니다."고 했다. '무례'도 일상생활에서 쓰지 않는 강한 어휘이다. '무례하다'는 사무라이들이 하급자에게 하는 막말이다. 평민에 대한 즉결

처분권을 가진 사무라이들이 '무례'를 이유로, 하층민의 목을 베는 일도 벌어지곤 했다.

일본 지도자들의 거친 '언어'는 '한일 경제전쟁'이 장기화할 가능성을 보여주는 메시지이다. 2018년 한국 대법원의 징용 배상 판결 직후 아베 총리는 관련 부처에 대한국 보복 조치를 준비하라고 지시했다. 그는 실무 부서에서 올라온 대책 가운데 가장 강한 조치를 채택했다. 한일간 맞보복이 잇따르면서 양국 모두 큰 피해를 입었다. 한국인 여행객 급감과 일본제품 불매운동으로 일본 기업들과 지자체들이 직격탄을 맞고 있다. 우리나라의 수출이 2019년 하반기에 이어 2020년에 줄어든 배경에도 한일 갈등 영향이 적지 않을 것이다.

한일 재계를 중심으로 2019년 연말 이후 양국 정치권에 갈등 해결을 요구하는 목소리가 커지고 있다. 최근 일본 정부 관계자들의 발언에서 변화 움직임이 느껴진다. 아카바 가즈요시 국토교통상은 2019년 9월 말 '한일 축제 한마당' 개회식에서 "한국은 일본에 문화를 전해준 은인의 나라"라고 말했다. 모테기 도시미쓰 외상은 징용 배상 판결과 관련, "韓国には国際法に違反する状況を早期に是正してほしい。 한국이 국제법에 위반하는 상황을 조기에 시정해주길 바란다"고 말했다. 정부 2인자인 스가 요시히데 관방상(2020년 9월 총리 취임)은 북한에서 미사일이 날아온 2019년 10월 초 한국과의 군사정보 공유를 묻는 질문에 대해 "適切に連携していきたい。 적절하게 연대해 나가겠다"고 밝혔다.

일본 정치 지도자들로부터 다소 절제된 발언들이 나오고 있으나 한일관계의 원상 회복까지는 갈 길이 멀다. 한국 대법원의 판결에 따라 2020년 12월 말께 일본 징용기업에 대한 자산 매각 일정이 기다리고 있다. 매각이 현실화할 경우 일본측은 강력한 추가 보복에 나설 게 분명하다. 한일 갈등을 풀 수 있는 남은 기간은 많지 않다. 지금이야말로 양국관계 개선의 적기이다. 강한 지도자만이 과거문제를 극복하고, 화해의 문을 열 수 있다.

* 직책은 2020년 10월 말 기준.

keyword

• 사무라이侍 •

일본을 대표적으로 상징하는 단어는 무엇일까. 많은 사람들이 '사무라이' '무사' '칼' 가운데 하나를 꼽을 것이다. 그렇다. 일본은 분명 '사무라이'의 나라이다. 사무라이 계급이 사라진 21세기이지만, 이들의 후손들이 여전히 사회 지도층으로 자리잡고 있고, '무사도' 정신도 살아있다. 사무라이의 한자어는 '侍(모실 시)'이다. 중세 봉건시대에 칼로써 자신의 영주에게 충성을 다하는 무사들을 지칭한다. 이들 사무라이들의 도덕체계나 삶의 방식이 '무사도武士道'이다. 충성, 희생, 신의, 결백, 명예 등이다. 일본의 근대화, 산업화를 가져온 메이지유신의 주역들도 하급 사무라이들이다.

외국인들에게 일본 이미지를 '사무라이의 나라'로 각인시킨 계기는 2차세계대전 종전 다음해인 1946년 미국에서 출간된 루스 베네딕트의 〈국화와 칼〉이다. 문화인류학자인 베네딕트는 '국화와 칼'이라는 상징을 통해 일본인들이 가진 두 가지 극단적인 성격을 들춰냈다. 겉으로는 유순해 보이면서도 마음속에는 '강인함' '날카로움'을 가진 일본인들의 이중성을 분석한 명저이다.

난세를 이기는
'도쿠가와 이에야스 리더십'

지금은 난세亂世다. 한치 앞을 내다보기 어려운 혼란기에 사람들은 강한 지도자를 찾는다. 2020년 1월 말 시작한 NHK 대하 드라마 '영웅이 온다麒麟がくる'는 역사속 영웅들을 다시 불러낸다. 잔혹했던 전국시대를 끝내고 통일의 문을 여는 오다 노부나가의 최측근 아케치 미쓰히데明智光秀가 그 주인공. 주군을 살해한 '반역자'로 낙인찍혀온 지금까지의 평가와 달리 잔인한 폭군에게 반기를 드는 가슴 따뜻한 '무장'으로 그려진다.

일본인들은 오다 노부나가織田信長, 도요토미 히데요시豊臣秀吉, 도쿠가와 이에야스德川家康 등 3인 모두를 좋아한다. 이들 무장과 부하, 가족들의 이야기는 수십년 동안 인기 사극의 단골 테마였다. 올해 드라마는 노부나가의 부친 오다 노부히데 등 전국을 대표하는 유력 무장들이 각지에서 기반을 강화하는 1547년부터 '혼노지本能寺의 변変'까지 다룬다.

전국통일을 눈앞에 둔 오다 노부나가가 교토의 혼노지에 머물고 있던 1582년 6월 21일, 아케치가 모반을 일으키고 기습한다. 오다는 포위됐다는 것을 알고, 절에 불을 질러 스스로 목숨을 끊는다. 그의 죽음으로 부하 장수였던 도요토미 히데요시가 패권을 잡는데 이어 도쿠가와 이에야스가 일본 통일을 마무리하게 된다.

일본 여론에 큰 영향력을 미치는 공영방송 NHK가 전국시대의 대표 무장들을 2020년대 첫해 부각시킨 것은 주목할 만하다. 역사의 대전환기에 목숨을 걸고 '희망의 빛'을 찾는 영웅들의 이야기가 많은 사람들에게 용기를 주기 때문일 것이다. 일본인들은 이들 가운데 최후의 승자인 도쿠가와 이에야스를 가장 존경한다. 국내외 정국이 혼란해질수록 난세를 평정한 도쿠가와 이에야스(1542~1616)의 인기가 치솟곤 했다.

흔히 인구에 회자되는 얘기 한 토막. "울지 않은 새를 어떻게 할 것인가"라는 질문에 대한 세 무장의 대처법이다. 성질이 불같은 맹장인 오다 노부나가는 "바로 목을 친다", 지장인 도요토미 히데요시는 "모든 수단을 동원해 울게 만든다", 덕장 스타일의 도쿠가와 이에야스는 "울 때까지 기다린다"로 설명된다.

실제로 도쿠가와 이에야스는 서로가 서로를 배반하고, 살육해야 했던 전국시대를 '인내'와 '기다림'으로 살아남았다. 17세에 첫 전투에 나가 74세에 맞은 오사카 여름전투까지 57년간을 전쟁터에서 보냈다. 진짜 실력을 감추고 생애 대부분을 2인자 지위에 머물다가 결국 오다 노부나가와 도요토미 히데요시를 눌렀다. 그는 어린 시절 '오다'에 이어 '이마가와' 가문에서 인질생활을 하기도 했다. 도요토미 사망 이후 세키가하라전투를 통해 '도쿠가와 막부'를 열고 메이지유신까지 260여 년의 평화시대를 만들었다.

평생을 사선死線에서 보낸 도쿠가와 이에야스의 유훈집은 일본인들에게 깊은 영감을 주고 있다. 그의 유훈을 평생의 좌우명으로 새기고 사는 유명 정치인이나 경영자들이 적지 않다. 자신의 후손들에게 남긴 유훈집 곳곳에 '인내'를 강조한 글귀들이 많다.

"사람의 일생은 무거운 짐을 지고, 먼길을 가는 것과 같다. 절대로 서둘러서는 안 된다." "인생에 짐은 무거울수록 좋다. 그래야 인간이 성숙해진다." 요즘 같이 뒤숭숭한 시기, 리더를 꿈꾸는 사람들은 한 번쯤 되새겨봐도 좋을 듯하다.

• 도쿠가와 이에야스德川家康 •

도쿠가와 이에야스는 일본 전국시대를 통일한 무장이다. 그는 '도쿠가와 막부幕府'를 세워 260여 년간 평화시대를 열었다. 막부는 쇼군將軍이 정무를 집행하는 곳으로, 무가정권武家政權을 뜻한다. 도쿠가와 이에야스처럼 시대별로 인물평이 극명하게 갈렸던 무장은 드물다. 이에야스는 도쿠가와 막부의 창시자로서 '신군神君(공적이 큰 군주에 대한 존칭)'으로 불렸다. 그는 일반인들이 감히 넘보기 어려운 신적인 존재로 떠받들여졌다. 이에야스에 대한 비판은 막부체제를 부정하는 것이기 때문이었다.

에도시대에 신의 위치로 올라섰던 도쿠가와 이에야스는 막부체제가 무너지자 '너구리같은 능구렁이' '속이 시꺼먼 남자' 등으로 뺨하뇌기도 했다. 이에야스는 메이지유신(1868년) 이후 형편없는 '인물'로 그려졌다. 메이지 신정부는 자신들이 타도한 막부체제를 부정하기 위해 에도막부 창시자인 '이에야스'를 깎아내릴 필요가 있었다.

도쿠가와 이에야스에 대한 복권은 2차 세계대전 종전 이후 이뤄졌다. 그는 근대화에 크게 기여한 인물로 평가됐다. 인재 등용과 배치에도 뛰어나 일본을 강대국으로 만드는 기초를 쌓았다는 재평가를 받았다. 세계대전에서 패한 일본은 국가 재생을 위해 위대한 영웅이 필요했던 덕분이다.

초연결 사회, 한국과 일본

아시아를 대표하는 한국, 중국, 일본이 신종 코로나 바이러스 감염증(코로나19)으로 국제적 망신을 당하고 있다. 전염병의 진원지는 중국이지만, 감염 차단 조치를 둘러싸고 한·일이 정치, 사회적 이유로 뒷북 대응을 하면서 감염 확산을 키웠다는 평가다. 경제 선진국으로 우수한 관료제와 의료 시스템을 자부해온 두 나라의 체면이 크게 구겨졌다.

코로나19의 불안 속에 일본의 경제, 관광 중심지인 오사카, 교토, 고베를 2020년 2월 중순 다녀왔다. 오는 7월 하순 예정된 도쿄올림픽을 맞아 부동산과 고용 등 경제현장을 보기 위한 목적에서였다. 기업체와 숙박, 관광지 등을 돌면서 감염자 확산으로 위기감이 고조된 '일본사회'를 들여다볼 수 있었다.

일본정부는 3,711명을 태우고 2월 초 요코하마항에 들어온 크루즈선에 대한 초기 대응을 제대로 못해 국내외에서 비판을 받고 있다. 도쿄올림픽 개최를 앞두고 사람 목숨보다 올림픽 흥행을 우선했다는 지적에 대해 아베정부는 자유롭지 못하다. 이런 정부 대응과는 별도로 일반 시민들은 코로나19의 확진자 증가 속에도 크게 흔들림이 없어 보였다.

출국 전 TV방송을 보고 크루즈선 감염자 급증으로 공포에 휩싸인 일본사회를 예상하고 간사이공항에 도착했다. 하지만, 일주일 동안 만난 업체 관계자나 현지인들은 대부분이 차분하고 평온했다. 마스크나 식료품을 사재기하는 사람을 찾아보긴 어려웠다. 2월 중순 주말 저녁, 고베 시내 이자카야는 손님들로 시끌벅적했다. 이들이 '무신경'한 건지, '태연'한 건지, 아직 평가하긴 조심스럽다. 그럼에도, 대지진이나 태풍 등 자연재해를 다반사로 겪는 일본인들은 인내심이 많고, 냉정하다는 느낌을 받았다. 9년 전인 2011년 3월,동일본대지진 발생 당시 후쿠시마원전 현장에서도 비슷한 경험을 했다.

한국과 일본이 하나의 '경제권'으로 묶여 있다는 사실도 거듭 실감했다. 2019년 7월 일본의 대한국 반도체 소재 수출 규제로 제조업에서 양국 간 서플라이 체인망의 높은 의존도가 드러났다. 이번 코로나 사태도 두 나라가 경제·사회적으로 긴밀히 연결돼 있다는 점을 확인시켜줬다.

얼어붙은 한일관계에다 코로나 공포로 외국인 관광객이 줄어들어 교토, 오사카의 인기 관광지와 쇼핑몰은 한산했다. 한일 간 왕래객 감소 여파로 양국의 항공, 여행, 숙박업계도 큰 타격을 입고 있다. 한국을 찾은 외국인 관광객도 2020년 1월에 전년 대비 10%, 2월에는 30% 급감했다. 4월 일본대학 입학과 일본기업 입사를 앞둔 한국 청년들에게도 코로나19의 불똥이 튀었다. 우리나라에서 확진자들이 급증하면서 일본정부가 한국인 입국 제한에 나설 것을 우려해 일정을 앞당겨 일본으로 떠나는 젊은이들이 줄을 이었다.

　서울에서 비행기로 한, 두 시간이면 후쿠오카, 도쿄 등 일본 주요 도시에 도착한다. 한국과 일본은 경제활동에서 '일일 경제권' 국가가 됐다. 1965년 국교 정상화 이후 양국의 연간 무역총액은 2억 달러에서 851억 달러로, 왕래자는 2만 명에서 1,049만 명으로 급증했다.(2018년 기준) 두 나라는 상대국의 자본, 인력, 시장을 효과적으로 활용, 세계가 부러워하는 경제 강국으로 성장했다. 국경이 없는 '코로나 바이러스'는 초연결 사회로 묶인 한일의 지리적 운명을 역설적으로 보여주고 있다.

• 한일 청구권 협정 •

한국과 일본은 초연결 사회다. 우리나라에서 비행기로 한 두 시간이면 일본 모든 도시에 닿는다. 코로나사태 이전 저비용 항공기를 타고 일본 맛집을 다녀오는 당일 여행이 인기를 끌 만큼 '일일 경제권'이 됐다. 1965년 한일 국교 정상화 이후 양국은 상호 협력해 공동 성장했다. 하지만 일제 강점기의 과거사를 포함, 한일 간 해결해야 할 과제가 남아 있다. 독도, 야스쿠니신사 참배, 강제징용 배상 등 갈등 요인을 안고 있다.

2019년 7월 이후 한일관계 악화의 직접적인 도화선은 일제 징용 피해자에 대한 배상문제이다. 한일 국교 정상화 당시 체결된 '한일청구권협정'에 대한 해석 차이에서 기원한다. 일본 측은 "징용 피해자에 대한 배상이 한일청구권협정을 통해 완전하고도 최종적으로 해결됐다"고 주장한다. 반면 한국 대법원은 2019년 신일철주금 강제동원 피해자 위자료 청구권 관련, "청구권 협정이 강제동원 위자료 청구권까지 포함된다고 보기는 어렵다"는 판결을 내렸다. 2020년 하반기에 우리나라에서는 일본 전범 기업의 자산 강제 매각 절차가 진행되고 있다. 이에 대해 일본 측은 한국인 비자발급 제한, 금융제재 등 보복 조치를 검토 중이다. 양국 모두 미래를 향해 한발씩 양보하고 '윈윈'하는 방안을 찾아야 할 것이다.

2차 세계대전 종전 75주년 맞은 일왕

75년 전 1945년 8월 15일 정오, 일본 라디오를 통해 쇼와 일왕(현지 표기 천황)의 육성이 흘러나왔다. "짐은 세계의 대세와 제국의 현상황을 감안하여 비상조처로써 시국을 수습코자 신민에게 고하노라. 짐은 제국 정부로 하여금 미·영·중·소 4개국에 그 공동선언의 수락을 통고하고자 한다. … 적은 잔학한 폭탄을 사용하여 무고한 백성들을 살상하였으며, 교전을 계속한다면 우리 민족의 멸망을 초래할뿐더러 … 금후 제국이 받아야 할 고난은 심상치 않고, 참기 어려움을 참고, 견디기 어려움을 견뎌, 이로써 萬世를 위해 태평한 세상을 열고자 한다."

라디오 방송의 잡음이 심했고, 당시 쓰이던 일본어가 아닌 왕실 용어를 사용해 항복 선언 내용을 정확히 이해하는 사람들이 많지 않았다. 전국의 길거리 사람들은 넋을 잃고 함께 울었다고 한다. 많은 나라 사람들에게 고통을 가져온 일본의 침략 전쟁은 이렇게 종결됐다. 흔히 쇼와 일왕의 항복 선언문으로 통용되지만, 일본에선 '대동아전쟁 종결 조서' 명칭으로 발표됐다.

1937년 시작된 중일 전쟁과 1941년 12월 진주만 공습으로 개전한 미일 전쟁도 마침내 막을 내렸다. 앞서 1944년 10월 미군의 필리핀 탈환, 1945년 4월 미군의 오키나와 상륙으로 연합군의 승리는 기정 사실화됐다. 하지만, 일본군부는 8월 들어서도 미군의 항복 요구를 완강히 거부하고 '옥쇄玉碎'를 주장했다. 국민들에게는 결사 항전을 강요했다. '1억 총동원령'을 내려 마지막 한 사람까지 목숨을 바쳐 본토를 지키자고 버텼다.

그런 군부도 새로 등장한 원자폭탄의 위력에 무릎을 꿇었다. 8월 6일, 미군의 B29 전폭기에 실려 히로시마 상공에 터진 원자폭탄으로 6만여 명이 즉사했다. 사흘 뒤 나가사키에도 두 번째 원폭이 투하돼 3만6,000여 명이 사망했다. 일부 강경파 군인들의 쿠데타 움직임 속에 일왕은 대국민 선언 하루 전인 8월 14일 연합군 측에 포츠담 선언의 수용을 전달했다.

그날은 1868년 메이지유신으로 신의 자리에 올랐던 일왕이 80여 년 만에 인간으로 돌아오는 날이기도 했다. 메이지헌법은 '천황은 신성불가침' '국가의 원수이며, 통치권을 총괄한다'로 규정했다. 2차 세계대전 다음해인 1946년 공포된 '일본국 헌법'에 따라 일왕은 "자신은 신이 아니라 인간이다"라고 선언한다.

새 헌법의 골자는 ▲상징 천왕 ▲평화주의 ▲인권 존중 ▲국제 분쟁을 해결하는 수단으로써의 전쟁의 포기 등이다. 상징 천황은 "일본국 또는 일본 국민 통합의 상징으로 헌법에서 한정적으로 정한 '국사國事'를 집행하지만, 국정에 관한 권능은 일절 없다."고 규정돼 있다. 형식적인 내각 총리대신의 임명권도 갖고 있다.

　일본의 신헌법 아래 즉위한 부친 아키히토明仁와 현 나루히토德仁 일왕은 글로벌 마인드를 가진 평화주의자로 알려져 있다. 126대 나루히토 일왕은 2019년 5월 즉위식에서 "국민의 행복과 세계의 평화를 항상 바라며 국민에 다가서면서 헌법에 따라 일본국과 일본 국민 통합의 상징으로서 임무를 다할 것을 맹세한다."고 말했다. 그는 즉위 이후 정치, 외교 현안에 대해선 침묵하고 있다. 올 7월에는 코로나로 어려움을 겪는 어린이들을 격려했고, 8월에는 호우 피해 주민들을 위로하는 국민통합 행보에 주력했다.

　일본에서는 '일왕'이 신성불가침 영역이라는 걸 실감할 때가 많다. 일반인들은 왕실에 대해 얘기하는 것 자체를 꺼려한다. 그래도 일왕제를 지지하는 국민들이 절대다수일 정도로 왕실에 대한 신뢰와 애정이 깊다. 세계대전 종전 75년이 지났지만, 아시아 각국과 일본 간에 풀어야 할 과제가 남아 있다. 정치권에는 평화헌법을 개정하려는 극우 세력들이 많다. 8월을 맞아 일왕이 아시아 지역의 평화 정착에 조금 더 책임 있는 목소리를 내주기를 희망한다.

• 텐노天皇 •

일본국 헌법에 따르면 천황天皇은 일본국日本國의 상징이다. 헌법에서 정한 국사와 관련된 행위만을 집행하고, 국정에 관한 권능은 갖고 있지 않다. 이런 행위에는 내각의 조언과 승인이 필요하고, 내각이 그 책임을 진다. 국회의 지명에 근거해 내각총리대신 임명, 최고재판소장관 임명, 내각의 조언 및 승인에 근거해 헌법 개정, 법률, 조약의 공포, 국회 소집, 중의원 해산, 총선거 시행의 공시, 비준서 및 외교문서 인증, 외국의 대사 접견 등이다. 천황은 정치상 권한이 없지만, 외교의례상 원수로 대우받는다.

초대 천황은 기원전 660년에 즉위한 것으로 일본 역사서는 기술하고 있다. 하지만, 천황의 존재를 사실적으로 설명 가능한 시점은 4~5세기 이후이다. 7세기에는 중국의 법률제도를 도입, 천황 스스로가 정치를 하기 시작한 것으로 전해진다. 9세기 이후 정치는 귀족과 무사들이 주로 담당했다. 오랜 기간 많은 변천이 있었으나 당시 실권자가 정치의 대권을 천황으로부터 위임받아 행사하는 구조가 정착됐다. 1868년 메이지유신의 결과 천황은 다시 국가의 통치권을 행사하게 됐다. 실제로는 입법·행정·사법의 형태를 채택한 입헌군주제였다. 제2차세계대전 종전 후 현행 헌법에 따라 천황의 위상이 정해졌다.

일본의
경제와 기업

2장

기업인 손정의의 '한·일' DNA

2020년 들어 일본 IT업계에서 가장 주목받는 기업가는 4차 산업 혁명을 이끌고 있는 손정의(일본명 손 마사요시) 소프트뱅크 회장이다. 그는 최근 네이버 라인과 소프트뱅크 야후재팬의 경영통합 계획을 발표, 손정의의 업계 영향력이 새삼 부각됐다. 손 회장은 986억 달러 규모의 비전펀드를 만들어 AI(인공지능) 업체 등에 투자해 새로운 시장을 만들어가고 있다.

일본 1위 검색포탈 야후재팬과 1위 메신저 라인의 통합은 시사하는 바가 적지 않다. 미국 GAFA(구글 애플 페이스북 아마존), 중국 BATH(바이두 알리바바 텐센트 화웨이)와 맞설 수 있는 글로벌 플랫폼 기업이 출현하게 된다. 가와베 겐타로 야후재팬 대표는 기자회견에서 "미국, 중국 기업에 이어 세계의 제3극(極)이 되겠다"고 포부를 밝혔다.

한일 IT대표 기업간 협업을 성사시킨 손정의 회장은 20대 초반 맨손으로 창업해 일본 2위 부호에 오른 입지전적 인물. 개인 자산은 227억 달러(2018년 포브스 기준)에 이른다. 그가 투자한 위워크, 우버 등 공유기업의 실적 부진으로 자산은 2020년에 조금 줄었다. 그래도 소프트뱅크는 2020년 하반기 기준 일본 상장사 가운데 시가총액 2위 자리를 지키고 있다. 일본 상장기업 역사상 가장 빠른 속도로 소프트뱅크를 키운 손정의의 일생은 IT산업 발달사와 맥을 같이한다.

손정의는 1957년 규슈 사가현에서 재일교포 3세로 태어났다. 아버지 손삼헌이 생선 행상으로 생계를 꾸리는 어려운 가정에서 성장했다. '조센진朝鮮人'이라는 차별 속에서 자란 그는 "반드시 1등을 해서 성공해야 한다는 각오를 다졌고, 일본인보다 뛰어나다는 것을 증명해야 한다는 생각을 했다"고 학창시절을 회고한다. 어린시절 꿈은 초등학교 선생님, 화가, 정치가, 사업가. 부모님으로부터 초등학교 선생님과 정치가는 한국 국적으로 될 수 없다는 얘기를 듣고 울며 포기한 뒤 사업가가 되기로 결심했다.

19살의 손정의는 인생 50년 계획을 세우고 미국 유학을 떠난다. "20대에 회사를 세우고, 세상에 나의 존재를 알린다. 30대, 최소 1,000억엔의 자금을 모은다. 40대, 조 단위 규모의 승부를 건다. 50대, 사업을 완성한다. 60대, 다음 세대에 사업을 물려준다." 그는 목표대로 사업을 실행했으나 2년 전 '60세 은퇴' 일정을 뒤집고 현역으로 돌아왔다. "인생은 짧다Life is short"며 복귀한 뒤 세계적인 스타트업을 공격적으로 인수하고 있다.

미국 캘리포니아대학 버클리캠퍼스에서 유학할 당시 인터넷과 IT 산업의 미래에 눈을 떴다. 1981년 PC용 팩키지 소프트의 유통사업을 시작했다. 1996년 일본 최초 인터넷 서비스 기업 야후재팬을 설립했다. 지난 40여년간 신사업 진출과 인수합병(M&A)으로 덩치를 불렸다. "정보혁명으로 사람들을 행복하게 한다"는 '경영 이념'을 잃지 않고 IT 관련 사업에서 승부를 걸었다. 네이버라인과 야후재팬의 통합도 창업 초심에 근거한 것이다.

손정의의 성공 비결로는 미래산업을 내다보는 혜안과 과감한 투자 결단력이 꼽힌다. 일본 M&A 역사상 최대 기록을 세운 2016년 영국 반도체업체 ARM 인수도 그가 아니면 성사되기 어려웠다. 소프트뱅크의 향후 비전은 '300년 지속 성장 기업'이다.

도전적이고 과감한 한국인의 기질과 한 우물을 파면서 철저하게 업무를 처리하는 일본 기업가적 특성을 고루 갖췄다는 평가를 받는 손정의. 그는 한·일의 강점을 살려 '소프트뱅크 성공 신화'를 만들어냈다. GSOMIA(한일군사정보보호협정) 연장으로 최악 국면에서 벗어난 양국관계 정상화를 위해서도 손정의의 리더십은 참고할 점이 적지 않을 듯하다.

• 소프트뱅크 •

손정의 회장과 소프트뱅크그룹은 글로벌 IT업계에서 늘 화제다. 2020년 상반기 코로나 사태로 투자했던 위워크 등 공유 기업들의 주식 가치가 떨어지면서 1분기에 대규모 적자를 냈다. 반면 신규 투자한 바이오벤처 기업 '릴레이 세러퓨틱스'와 모바일 보험회사 '레모네이드' 등이 급등, 하반기에 대박을 터뜨리기도 했다. IT업계와 투자자들이 향후 4차 산업사회를 주도할 회사로 소프트뱅크그룹을 항상 주목하는 이유이다. 소프트뱅크는 2020년 하반기 시가 총액 기준 일본 상장기업 중 도요타자동차에 이어 2위를 기록했다.

소프트뱅크는 일본 상장회사 중 가장 빠른 속도로 성장한 기록을 갖고 있다. 손정의 회장의 사업 출발점은 1981년 도쿄에 설립한 니혼소프트뱅크. 창업 초기 주력 사업은 PC용 팩키지 소프트의 유통사업이다. 1990년 회사명을 소프트뱅크로 변경했고, 1992년 벤처캐피털회사를 설립하면서 소프트뱅크의 약진이 시작됐다. 1996년에는 미국 야후(YAHOO)와 공동 출자로 일본야후를 설립, 인터넷 사업에서 성공했다. IT버블 붕괴로 2001년 이후 경상수지 적자를 내며 경영난 겪기도 했다. 소프트뱅크는 신사업 진출과 M&A로 성장을 거듭하고 있다.

'니혼슈'와 일본 제조업

한·일 관계가 얼어붙으면서 송년회도 영향을 받고 있다. 저도주 열풍을 타고 2019년 상반기만 해도 '일본 술'과 '일본식 술집(이자카야)'들이 큰 인기를 끌었다. 2018년 연말 술자리 모임에서도 일본 맥주와 청주인 '니혼슈日本酒'를 찾는 주당들이 많았다. 하지만 징용 피해자를 둘러싼 일본과의 과거사 갈등이 2019년 7월 이후 불거지면서 '일본 술'이 직격탄을 맞았다.

'일본 제품 안 사기' 여파로 이자카야에는 손님들의 발길이 끊겼다. 집 근처 슈퍼에서 4캔에 1만원 하는 아사히 등 일본 맥주를 사다 먹는 서민들의 즐거움도 사라졌다. 40대 후반 직장인 A씨는 "퇴근 길에 좋아하는 일본 맥주를 사다가 저녁에 TV를 보면서 마시는 게 소소한 즐거움이었는데, 일본 맥주를 파는 매장을 찾기 어렵다"고 말했다.

우리나라의 일본산 맥주, 소주 등 주류 수입은 2019년 하반기에 급감했다. 맥주 수입액은 2019년 9월에 전년 동기 대비 99.9% 줄어든 데 이어 10월에는 '0'를 기록했다. 2018년에 일본의 맥주 수출 대상국 중 한국은 1위였다. 2019년 8월 기준 일본산 소주 수입은 전년 동기보다 91.6% 떨어졌다. 주류뿐 아니라 산업 원자재 등도 두자릿수 이상 줄어 한일관계 악화가 교역 감소로 작용한 것으로 드러났다.

'일본 술'은 2019년 여름에도 사회적 이슈가 됐다. 반도체 소재 수출 규제로, 국민 감정이 악화된 당시 여당 대표가 '정종正宗'을 마셔 여론의 질타를 받은 적이 있다. 일부 언론은 '정종(사케)'라고 표기했다. '정종(일본명 마사무네)'은 수천 종의 청주 가운데 하나이다. 정종은 '일본 청주 브랜드 중 하나'로 설명하는 게 맞다. 우리나라와 일본 모두 한자 문화권인 까닭에 같은 '酒(술 주)'자를 놓고 오역이 생기는 경우가 있다.

일본어 사전을 보면 보통명사 '사케酒'는 광의로 모든 술 종류를 포함한다. 전통주인 청주를 비롯해 소주, 맥주, 양주 등 다양한 '일본 술'이 있다. 청주의 일본식 이름이 고유명사 '니혼슈日本酒'이다. 쌀을 발효시켜 만들었기 때문에 주세법 기준으론 청주淸酒로 분류된다. 일본인들이 예로부터 가장 즐기는 전통주가 '니혼슈'여서 주점에서 그냥 '사케酒'를 달라고 하면, '니혼슈'를 내주는 경우가 대부분이다.

니혼슈는 강소 장수기업들이 생산한다. 효고현에서 나오는 고급 니혼슈 '겐비시'는 1505년 창업했다. 국내외 시장에 제품을 대량 유통시키는 '사카구라(니혼슈 양조장 브랜드)'만도 1,000개를 넘는다. 니가타현의 고시노칸빠이, 핫카이산 등은 청주 애주가들 사이에 유명하다. 명품 니혼슈가 탄생하려면 좋은 쌀과 맑은 물이 필수다. 이러한 원료에다 '장인정신(모노즈쿠리)'이 들어가야 명주가 탄생한다. 니혼슈 시장은 일본이 고도 경제 성장기에 접어든 1970년대 이후 급팽창했다. 새로운 양조 기술과 마케팅 기법으로 무장한 장수기업의 신세대 경영자들이 해외시장 개척에 적극 나선 덕분이다.

2019년 상반기까지만 해도 한국시장에서 인기를 끌던 '일본 술'의 수요 급감은 양면적인 '한일관계'를 상징적으로 보여준다. 주당들도 연말 한일정상회담 결과에 눈을 뗄 수 없게 됐다.

• 니혼슈日本酒 •

주酒는 일본어로 다양하게 발음된다. '사케' '사카' '슈' 등으로 읽힌다. 이자카야처럼 '자카'로 쓰일 때도 있다. 광의의 의미에서 '사케酒'는 청주, 소주, 맥주, 양주 등 모든 술을 포함한다. 청주의 일본식 이름인 '니혼슈日本酒'만을 의미하는 경우도 많다. 일본 여행을 가서 흔히 마시는 술이 니혼슈이다. 우리나라에서 양조장으로 부르는 사카구래(술 브랜드)는 일본 전국에 1,000개를 넘는다. 청주로 판매될 수 있는 니혼슈의 알코올 도수는 22도 미만(합성 청주의 경우 16도 미만)이다. 니혼슈의 약 50%가 혼슈 중서부에서 양조된다. 나다가 있는 효고현에서 30%, 후시미가 있는 교토부에서 15% 가량 생산된다.

니혼슈는 원료나 정미 비율에 따라 쥰마이주, 긴죠주, 혼죠조주로 분류된다. 정미 비율은 현미 중량에 대한 백미 중량 비율이다. 정미 비율 40%는 100kg의 현미를 정미해서 40kg의 백미를 만들었다는 뜻이다. '긴죠주는 정미 비율 60% 이하 흰쌀과 쌀 누룩, 물 또는 양조 알코올을 원료로 배합해 만든 니혼슈이다. 정미 비율 50% 이하 술을 '다이긴죠大吟釀'라고 부른다. 쥰마이주는 흰쌀, 쌀누룩, 물만으로 만든다.

정경일체政經一體 일본 재벌기업

특별 배임 혐의로 일본검찰에 체포됐던 카를로스 곤 전 르노 · 닛산얼라이언스 회장의 '도주극'이 세계를 뒤흔들고 있다. 2020년 1월 9일 레바논 베이루트에서 열린 기자회견에는 세계 각국에서 100여 명의 취재기자들이 몰려들었다. 곤은 자신에 대한 기소와 재판이 르노와 닛산日産의 경영 통합을 막기 위해 일본 당국과 일본인 경영진들이 획책한 음모라고 주장했다.

미국 뉴욕타임스(NYT)는 5일 뒤인 14일 '곤의 탈출The Escape of Carlos Ghosn'이라는 제목의 특종을 내보냈다. 곤은 단독 인터뷰에서 "올가미에 걸릴만한 장소(일본)에 가지 않는 게 몸을 지키는 일이다. 일본에 거주하는 모든 외국인들에게 '조심하라'고 경고하는 것이 지금 내게 주어진 책임"이라며 일본의 사법제도를 강하게 비판했다.

그의 폭로에 대한 외국 언론들의 평가는 엇갈린다. 일본 기업의 준법체제에 문제점이 많다는 지적이지만, 곤의 윤리적 책임을 제기하는 시각도 있다.

1999년 닛산자동차는 부채가 2조1,000억 엔까지 불어나 파산 위기까지 몰렸다. 경영난에 빠진 닛산은 프랑스 르노와 자본제휴를 맺는다. 다음해 닛산 사장으로 취임한 카를로스 곤은 과감한 구조조정을 실시, 1년 만에 회사를 살려냈다. 닛산자동차를 회생시켜 '경영의 신'으로 추앙받고 훈장까지 받은 그는 왜 해외로 달아났을까.

카를로스 곤이 최고경영자(CEO) 직위를 이용해 회삿돈을 횡령한 건지, 일본인 경영진이 당국과 결탁해 닛산을 지키려고 했는지의 진실은 언젠가 밝혀질 것이다. 하지만, 도쿄지검의 기습적인 체포와 기소, 장기 구속 등 일련의 상황을 통해 일본에서 '국가'와 '대기업' 관계의 내면을 엿볼 수 있다. 닛산자동차의 원점인 '일본산업日本産業'의 성장 역사를 추적해보면, 재벌기업을 해외에 넘겨주지 않기 위한 '음모'라는 곤의 주장도 어느 정도 이해가 간다.

닛산그룹의 주력 일본산업日本産業은 1920년에 창립했다. 히타치日立광산에서 출발해 기계, 금속업으로 확장했다. 제조업 부문에선 미쓰비시三菱, 미쓰이三井 등 선발 재벌을 능가하는 규모로 커졌다. 정부 요청으로 1938년 만주로 본사를 이전했다. 만주중공업개발滿州重工業開發로 사명을 바꾸고 일본제국의 만주 진출을 지원했다. 닛산은 일본의 15대 재벌財閥 중 하나이다.

'부자의 대명사'로 널리 쓰이는 '재벌財閥'의 원조가 바로 일본이다.

닛산 등 주요 재벌은 국가의 정책 지원에 힘입어 급성장했다. 1868년 메이지유신 이후 등장한 재벌은 당시 "부호의 가족, 동족의 폐쇄적인 소유, 지배 아래 성립된 다목적 사업체"로 정의됐다. 미쓰비시, 미쓰이, 스미토모, 야스다 등이 4대 재벌로 불린다. 닛산은 제1차 세계대전 이후 덩치를 불려 신흥 재벌로 분류된다. 2차 세계대전 패전 후 연합군의 재벌 해체 결정에 따라 '닛산자동차'만 남아 닛산그룹의 명맥을 잇는다. 제조업에 뿌리를 둔 닛산은 소비자들 사이에선 업계 1위 도요타자동차보다 '기술력'이 앞선다는 평판을 얻고 있다.

닛산의 탄생과 성장, 위기와 부활 과정에서 국가가 많은 역할을 했다. 시장경제를 내세우는 일본이지만, 정부와 기업의 역학 관계는 서방국과 크게 다르다. 노사분규가 거의 없고, 기업과 정부 간 협력도 긴밀하다. 그래서 일본경제 시스템을 '국가 자본주의'로 평가하는 학자들도 많다.

카를로스 곤의 '도주극'은 '정경일체政經一體' 일본사회의 실체를 보여준다. 장기 침체에서 벗어나기 위해 2000년 이후 일본에서 진행된 '외자 유입형' 기업의 한계와 '토종 순純일본기업'의 반격으로 보는 분석도 있다. 곤의 도주극 결말이 궁금해진다.

• 재벌財閥 •

일본 중부 야마나시현 출신 사업가들이 메이지시현 중반 업계에서 선풍을 일으키자 언론들이 '재벌(자이바츠)' 용어를 처음 사용했다. 미쓰이三井, 미쓰비시三菱, 스미토모住友 등 혈연관계로 맺어진 이들 기업집단을 가리키는 '재벌' 용어가 정착됐다. 재벌은 '성립 방식'과 '업종 특징'에 따라 3개 군으로 분류된다. (1)에도시대 거상으로 지위를 유지해 메이지유신 이후 일본정부의 근대화 정책에 따라 발전한 미쓰이, 스미토모그룹. (2)에도시대 말기 또는 메이지 초기에 소규모 사업을 시작해 20~30년에 걸쳐 재벌로 성장한 미쓰비시, 야스다, 가와사키, 후루카와, 오쿠라, 아사노그룹. (3)제1차 세계대전 이후 군부의 지원을 받아 급성장한 니혼산교, 니혼짓소, 니혼소다 등.

재벌그룹들은 2차 세계대전 종전 후 연합군에 의해 강제 해체됐다. 일본경제를 민주화하고, 다시는 전쟁을 일으키지 못하게 하려는 의도에서였다. 연합군의 재벌 해체 방침에 따라 재벌 본사가 독점했던 주식은 자본시장으로 흩어지게 됐다. 재벌 본사가 산하 기업을 강력하게 지배하던 일본의 재벌구조도 막을 내렸다. 전후 고도 경제 성장기를 거치면서 일부 그룹의 회사들이 다시 뭉쳐 현재 대기업군 형태로 남아 있다.

버블 경제 붕괴 30년, 일본 부동산 시장

일본 2위 경제도시 오사카는 초고층 빌딩과 재래상가의 리모델링이 한창이다. 니시나리西成지역은 중국 자본이 몰려 50여 개의 낡은 상점들이 관광객들을 겨냥한 가라오케형 이자카야로 탈바꿈했다. 2020년 상반기 현장에서 만난 일본 부동산업계 관계자는 "가격이 3년 전보다 3배 오른 점포들도 많다"고 귀띔했다. 일본에서 거주 지역으로 인기 높은 인근 고베시에도 초고층 '옥션'(1억엔 맨션)이 속속 등장하고 있다.

2012년 말 아베총리 취임 이후 대도시 맨션(아파트)과 오피스용 빌딩 가격이 치솟고 있다. 2019년 기준 수도권 신축 맨션 평균가는 5,980만 엔으로 버블(거품) 경제 정점이던 1990년의 6,123만 엔에 근접했다. 수도권 신축맨션은 최근 7년간 평균 40% 올랐다. 도쿄

맨션의 평균가도 2013년 5,800만엔에서 2019년에 7,600만 엔까지 뛰었다.

도쿄, 오사카는 물론 오키나와, 홋카이도 등 관광지로도 부동산 오름세가 확산 중이다. 현지 언론들은 2020년 초만 해도 "부동산 시장이 1980년대 후반의 '부동산 버블기'를 연상하게 한다"고 전했다. 부동산 가격 급등은 경제 회복과 저금리의 영향이 크다는 분석이다. 제로금리가 장기간 이어지면서 낮은 금리로 주택자금을 빌릴 수 있게 된 일반인들이 부동산 매수에 적극 나섰다. 해외 투자자들도 자금 운영을 목적으로 임대주택이나 공유빌딩 등 수익형 부동산시장에 경쟁적으로 뛰어들고 있다.

2020년 7월 도쿄올림픽까지 이어질 것으로 예상됐던 부동산 오름세가 '코로나 바이러스' 복병을 만났다. '2020도쿄올림픽-2025오사카엑스포(EXPO)'를 발판으로 경기 회복을 밀고가려던 '아베노믹스(아베총리의 경제정책)'에도 브레이크가 걸렸다. 일본SMBC닛코증권은 도쿄올림픽이 연기되거나 취소되면 2020년의 국내총생산(GDP)이 1.4% 감소할 것으로 내다봤다. OECD(경제협력개발기구)는 2020년 일본경제 성장률 전망치를 0.6%에서 0.2%로 낮췄다.

20여 년의 장기 침체에서 벗어나 반등세를 타던 부동산시장 상승세가 꺾일 것인가. 코로나 사태가 얼마나 오래갈지, 도쿄올림픽이 예정대로 열릴지, 세계경제가 얼마나 타격을 입을지에 따라 달라질 것이다. 1980년대 후반 버블경제기를 거쳐 1990년부터 시작된 주식과 부동산 거품 붕괴를 복기해보면 실마리를 찾을 수 있다. 2020년은 버블 붕괴 30년이 되는 해이다.

1985년 경제 선진국 간의 플라자합의로 촉발된 '달러화 약세, 엔화 강세'가 일본경제에 거품을 만들었다. 당시 일본기업들은 과감한 구조조정과 생산성 향상에 나서 1년 만에 '엔고(엔화 강세) 불황' 극복에 성공했다. 그 결과, 1987~1989년에 주가는 연평균 30%, 수도권 부동산은 연평균 50% 이상 급등했다. 1980년대의 장기 저금리도 부동산 버블을 부추겼다. 하지만, 일본은행(중앙은행)이 1989년 5월부터 3차례 연속 기준금리를 올려 긴축정책으로 전환하자 1990년 새해 벽두 주가가 하락세로 돌아섰다. 부동산도 1991년부터 내림세로 바뀌었다. 주가는 2020년 3월 현재 1989년 사상최고가(3만 9,000엔)의 50%선이다. 부동산도 대도시 인기 지역을 제외하면, 대부분 지방에서 아직 절반 수준에 못 미친다.

전문가들은 향후 부동산시장과 관련, 일본은행(중앙은행)의 금리정책에 주목하라고 조언한다. 최근 수년간 맨션, 빌딩 가격 상승은 기업실적 호조와 저금리 덕분이라는 분석이다. 경기 회복이 불투명해진 만큼 '기준금리' 동향이 부동산 가격을 결정할 것으로 보고 있다. 일본은행의 기준금리 움직임에 눈길이 쏠린다.

· 버블(거품) 경제 ·

1970년대 제1차 석유쇼크 이후 일본경제 성장률은 고도 성장기의 10%에서 4%(1975년부터 엔고 불황 전년도인 1985년까지)로 떨어졌다. 이 기간에 엔화 강세가 이어졌으나 무역 흑자는 확대됐다. 1985년 9월 미국 뉴욕 플라자호텔에서 개최된 G5(선진5개국) 재무장관회의의 플라자합의(달러화 매도, 자국 통화 매입)에 따라 주요국들의 외환시장 개입이 시작됐다. 플라자합의 이후 '달러화 약세, 엔화 강세'가 진행돼 엔화 가치가 급등했다. 일본 기업들은 자구 노력과 생산성 향상으로 1년 만에 엔고 불황을 극복했다. 일본경제는 1987년부터 빠른 속도로 회복되면서 '버블(거품) 경제'가 만들어졌다.

이 시기의 주가와 지가 급상승이 '버블(거품)'로 불린다. 1987~1989년 주가 상승은 연간 20~30%, 수도권의 상업지와 주택지 가격 상승은 50~70%에 달했다. 당시 금리 인하 등 펀더멘털의 변화만으론 설명하기 어렵다. 펀더멘털 이외 요인으로 주식과 부동산이 오르는 것을 '버블'이라고 말한다. 버블은 금리의 대폭 하락 같은 금융정책 변화로 일어나는 경우가 많다. 일본경제 버블도 '장기 저금리'가 배경이다.

1987년부터 1989년까지는 주가가 소폭 떨어져도 곧 다시 상승으로 돌아섰기 때문에 당시 일본에서는 '주식으로 돈 벌었다'는 성공담이 넘쳐났다. 여러 사람들의 투자 성공 사례를 지속적으로 듣다 보면 지금까지 관심이 없었던 사람 중에도 저금리에 예금하는 것은 '바보'라는 인식이 퍼져 주식투자에 나서는 인구가 증가한다. 주가 버블이 커진 배경이다.

100년 장수 기업의 생존 비법

　시미즈淸水건설은 일본을 대표하는 건설업체이다. 1804년 창업 이후 혁신을 거듭한 결과 세계적 기업으로 성장했다. 이 회사는 새로운 100년을 맞기 위해 3만 명이 거주하는 해상도시 'GREEN FLOAT' 프로젝트를 추진하고 있다. 태양광 등 청정에너지를 사용하고, 식량을 자급자족하는 미래도시를 2030년까지 만드는 사업이다.

　회사 관계자는 "앞으로 100년간 인구가 폭발하고 해수면이 상승할 것"이라며 "그런 환경에서 가장 필요한 건축물이 해상도시"라고 밝혔다. 시미즈건설은 최초 서양식 호텔인 쯔키지호텔(1868년), 철골구조 건축물 1호 니혼바시마루젠빌딩(1910년) 등 일본 건축의 새 역사를 써왔다.

우리나라 소비자에게도 친숙한 '깃코망'은 17세기 중반부터 간장을 만들어왔다. 호리키리 사장은 "아무리 기술이 진화한다 해도 사람은 먹는 즐거움을 버릴 수 없다"며 "음식문화의 기본인 쇼유(간장)는 100년 뒤에도 사라지지 않을 것"이라고 자신한다. 깃코망은 회사의 지속 성장을 위해 해외시장 개척과 건강에 좋은 간장 개발에 사활을 걸고 있다. 매출 4,535억 엔 중 해외 비중이 60%를 넘는다. 남미, 인도, 아프리카로 수출을 늘리고 있다.

일본에는 역사가 오래된 기업들이 많다. 창업 100년 이상 기업만 3만여 개(소상공인 포함 10만 개)에 달한다. 1,000년이 넘은 기업도 20개나 된다. 세계에서 가장 오래된 곤고구미金剛組는 578년 창업 이후 사찰의 건설, 보수 작업을 계속하고 있다. 당시 백제에서 건너간 석공들이 주축이 돼 한반도와도 인연이 깊다.

관광지 교토의 명물 토라야虎屋는 1526년 설립 이후 '양갱'으로 500년을 살아남았다. 약국에서 출발해 세계적 화장품 메이커로 성장한 시세이도(창업 1872년), 화투 제작에서 최첨단 게임기업체로 변신한 닌텐도(창업 1889년) 등도 유명하다.

급변하는 경영 환경 속에 장수 기업이 되는 것은 매우 어려운 일이다. 최근 100년 사이에도 1, 2차 세계대전과 IT(정보통신)혁명, 글로벌 금융 위기 등이 발생했고, 수많은 기업들이 사라졌다. '코로나 불황'을 뛰어넘어야 앞으로도 생존이 가능하다. 대를 이어 살아남은 장수기업들에 새삼 관심이 쏠리는 이유이다.

일본의 경제 주간지 닛케이비즈니스는 '100년 후에도 강한 기업'

특집에서 "환경 변화에 대응해 진화한다" "전통을 지키고 갈고 닦는 다"는 지금까지의 철칙만으론 장수기업의 명성을 유지하기가 어려울 것으로 진단했다. "100년 뒤에도 팔리는 상품을 만드는 것이 더 중요하다."고 주장한다. 100년 뒤 지구 인구는 110억 명을 돌파하고, 평균 기온은 2.6~4.8도 올라갈 것으로 예상된다. 인구 폭발과 온난화 시대에 수요가 급증하는 미래 상품을 예측하고, 장기 전략을 짜라는 제언이다.

일본 기업 연구자인 오태헌 경희사이버대 교수는 "일본인들은 몇 대에 걸쳐 대물림하며 한 우물을 파는 몰입과 집착을 높게 평가한다"며 "위기를 맞더라도 유행에 휩쓸리는 사업 다각화는 좀처럼 하지 않는다"고 분석했다. 또 "장수기업들은 기업 고유의 본질을 바꾸는 일은 용납하지 않지만, 성역 없는 변신을 꾀하는 것은 받아들인다."고 말했다.

2020년 3월 말, 세계경제는 '코로나 사태'로 2차대전 이후 최대 위기를 만났다. 많은 기업들이 문을 닫고, 마이너스 성장을 하는 국가들도 나타날 것으로 예상된다. 지난 1세기 동안 살아남은 장수기업들은 코로나 불황 극복에 좋은 참고가 될 듯하다. 100년 기업들은 눈앞만을 보지 않고, 먼 미래를 상정해 장기 전략을 짜온 기업들이다.

• 모노즈쿠리 物造り •

모노즈쿠리는 일본의 세계적인 강소 장수기업의 특징을 설명할 때 많이 사용된다. 사전적 의미는 일본어의 물건 '모노'와 만들기의 '쯔쿠리'의 합성어이다. '장인정신'이나 '혼을 담아 물건을 만드는 것'으로 보통 번역된다. 모노즈쿠리는 제조업뿐만 아니라 자영업이나 서비스업에도 폭넓게 사용된다. 한 가지 일에 전념하는 것을 긍정적으로 보고, 자신의 물건을 만드는 일 자체를 높이 평가하는 일본인들의 가치관이 담겨있다. 그래서 제조업의 경우 매출 등 '외형'보다 '품질'을 통해 대를 이어 기업을 유지하고, 좋은 제품을 만들어 소비자 신뢰를 얻는 것에 더 큰 의미를 두는 사례가 많다. 기업의 '확장'보다 '영속'에 가치를 두는 일본적 경영이 탄생하는 배경이다.

모노즈쿠리는 일본 산업 경쟁력의 핵심 요소이다. 1990년대 중반 이후 장기 침체에도 불구하고, 일본경제(GDP 기준)는 세계 3위를 유지하고 있다. IT(정보통신)과 소프트웨어 산업에서 서방 선진국에 뒤졌지만, 소재 부품 장비 분야에서 세계 최고 자리를 지키고 있다. 그 경쟁력의 핵심이 '모노즈쿠리'의 힘이다. 일본 제조업 생산현장은 모노즈쿠리 덕분에 건재하다. 코로나 사태 이후 일본 정부와 업계가 디지털 혁명 나서 일본에서 새로운 산업 혁신이 일어날지 주목된다.

굿 바이!! 아베노믹스

일본의 완전 실업률(2020년 4월 기준)은 2.6%을 기록, 2017년 12월 이후 가장 높다. 취업자 감소자 수는 80만 명에 달하고, 실업자는 전년 동기 대비 13만 명 많은 189만 명으로 크게 늘어났다. 고용시장 개선을 내세워 일본경제 회복을 강조해온 아베정권이 코로나발 대량 실업으로 흔들리고 있다.

올해로 출범 8년차를 맞은 아베노믹스(아베 총리의 경제 정책)의 효력이 다했음을 보여주는 경제지표들이 하나둘씩 늘어나고 있다. 지금까지 경제성장률, 국민소득, 물가가 당초 목표치에 미달하고 있으나 일자리 호황 덕에 아베노믹스는 어느 정도 평가를 받아왔다. 그런 아베 총리에게 코로나 사태는 뼈아픈 악재이다. 코로나가 터지지 않았다면, 7월 예정됐던 도쿄올림픽 개막식에서 2011년 3월 동일본대지진에서 벗어난 일본경제의 '부활' 선언을 했을 것이다.

아베 총리가 취임한 2012년 말, 일본경제는 20여 년의 장기 침체에다 동일본 대지진까지 겹쳐 이류, 삼류 국가로 떨어질 것이라는 위기감이 팽배했다. 아베정권에 앞서 1년도 임기를 못 채우는 단명 총리들이 잇따라 국민들 사이에 강력한 지도자를 원하는 분위기가 형성됐던 시기였다. 일본의 보수 우익 세력의 맥을 잇는 아베 신조가 집권하고, 아베노믹스가 등장하는 시대적 배경이다.

아베노믹스는 크게 두 가지 측면으로 이해할 수 있다. 집권 자민당 파벌정치의 산물인 동시에 정치인 아베 신조의 국정 방향이 담겨 있다. 아베정권 출범 당시 주역은 정치 명문가 출신인 아베 신조, 아소 다로 부총리와 아마리 아키라 자민당 세제조사회장(전 경제산업상) 3인이다. 아베 총리는 취임 직후 일본경제를 살려 국제사회에서 존재감 있는 '정치·군사 대국'을 만들겠다고 비전을 제시했다.

흔히 세 개의 화살로 알려진 아베노믹스의 골자는 대담한 금융완화, 기동적인 재정정책, 민간투자 유도를 통한 경제 성장 정책이다. 첫 번째 화살은 엔화 약세를 유도해 수출 대기업들의 수익성을 높이자는 전략이다. 실제로 도요타자동차, 소니 등 일본을 대표하는 수출 중심 대기업들의 실적이 크게 좋아졌다.

주식시장도 많이 올랐다. 하지만, 코로나 발생 이후 경쟁국들이 경제난 타개를 위해 엄청난 돈을 풀고, 재정 지출을 늘리면서 아베노믹스는 추진 동력을 잃어가고 있다. 2020년 1분기 일본경제 성장률은 -3.4%로 떨어졌다. 중국 -33.8%, 미국 -4.8%, 한국

−5.5%도 역성장하긴 했다.(연율 환산, 이코노미스트 자료)

아베정권의 누수 현상을 보여주는 사건도 연일 터져 나온다. 구로카와 히로무 전 도쿄고검 검사장의 '마작 스캔들'은 코로나 사태로 지친 국민들로부터 따가운 비판을 받고 있다. 아베총리 지지율은 집권 마지노선으로 불리는 30%선까지 떨어졌다. 2020년 6월 초 보수 성향 산케이신문 여론조사에서 아베내각 지지율은 36.4%였다. 마이니치신문과 아시히신문의 여론조사 지지율은 각각 27%, 29%까지 추락했다.

아베총리가 언제까지 권좌를 지킬까. 2020년 6월 현재 차기 총리감을 묻는 여론조사에서는 아베의 정치적 라이벌인 이시바 시게루 전 자민당 간사장이 앞서가고 있다. 포스트 아베노믹스 시대에도 집권 자민당 내 세습 정치인들이 다시 총리가 될지, 코로나 사태 수습 과정에서 떠오른 도쿄, 오사카, 홋카이도의 지방자치단체장 등 새 인물들이 일본의 미래를 이끌어갈지 지켜볼 일이다.

• 아베 신조安倍晋三 •

일본에는 가업家業을 잇는 사람들이 많다. 정계에도 대를 이어 정치를 하는 세습 정치인들이 적지 않다. 부모나 조부모, 3촌 이내에 국회의원이 있는 후보가 동일 선거구에 입후보하는 '세습 의원'이 국회의원의 약 25%에 달한다. 세습 의원이 많은 일본에서도 아베 신조 총리는 대표적인 정치 명문가 출신이다. 아베 총리는 정계 실력자를 많이 배출한 야마구치山口현 출신이다. 아베 신조는 전후 세대 출신 첫 번째, 전후 최연소, 메이지유신 이후 최장수 총리의 기록을 갖고 있다.

아베 신조는 1954년 아베 신타로와 기시 요코의 둘째 아들로 태어났다. 외할아버지는 전후 자민당 체제를 확립한 기시 노부스케 총리, 외종조부는 사토 에이사쿠 총리이다. 조부인 아베 칸安倍寛은 중의원을 지냈다. 부친 아베 신타로는 외무장관을 지내다가 유력한 총리 후보로 거론됐으나 암으로 사망했다. 아베 신조는 세이케이대학 정치학과를 졸업하고, 미국 서던캘리포니아대학교에 1년 유학했다. 귀국 후 고베제강에서 일하다가 1982년 아버지 아베 신타로의 비서로 정계에 입문했다. 모리나가제과의 회장 딸인 마쓰자키 아키에와 결혼했다. 슬하에 자녀는 없다.

다츠노 몽벨 회장의 '겁쟁이 경영'

골프, 캠핑 등 스포츠용품에서 세계적으로 알려진 일본 메이커들이 꽤 있다. 그 중에서도 '몽벨'은 산악인들 사이에 인기 높은 브랜드이다. 회사 명칭은 프랑스어 '산mont'과 '아름다움bell'의 합성어로 '아름다운 산'을 뜻한다. 몽벨을 유럽 메이커로 알고 있는 소비자들도 적지 않다. 아웃도어 업계에서 성공 신화로 꼽히는 다츠노 이사무 몽벨 회장의 '겁쟁이 경영'이 일본에서 화제다.

2020년 상반기에 코로나 사태로 일본 소비시장도 위축됐지만, 아웃도어 제품들은 상대적으로 타격을 덜 입고 있다. 스트레스 해소와 일상 탈출을 위해 야외 활동을 하는 소비자들이 많은 덕분이다. 몽벨은 1975년 창업 이후 버블거품경제 붕괴와 장기 침체 등 불황 파고를 넘어왔다. 이 회사는 업계 트렌드를 추종하지 않고, 고품질로 정면 승부를 걸었다. 지난해 매출은 840억 엔(약 9,500억 원)에 달해 1조 원 달성을 눈 앞에 두고 있다.

요즘 몽벨이 특히 주목받는 이유는 1947년생 창업자 다츠노 회장이 고집스럽게 '일본식 경영'을 고수하고 있기 때문이다. 그는 소년 시절 하인리히 하러의 아이거 북벽 등정기 '하얀 거미'를 읽고 깊은 감명을 받고 등산에 빠져들었다. 그는 1969년에 아이거 북벽 등정에 성공한 두 번째 일본인이 됐다. 세계 최연소 기록이다.

다츠노 회장은 28세가 되던 1975년 생일날, 몽벨을 창업, 기업가로 변신했다. 그의 사업 목표는 "사람들의 삶을 건강하고 아름답게 유지하고, 쾌적한 활동을 보장해주는 아웃도어 명품을 만드는 것"이다.

다츠노 회장은 이달 초 언론 인터뷰에서 "겁많은 산악인은 경영에 적합하다."며 자신의 경영 철학을 설명했다. "산에서는 한순간의 방심과 결단이 생사를 가른다. 등산 경험을 바탕으로 항상 최악을 상정해 만반의 준비를 하는 리스크 관리를 경영에 활용하고 있다."고 소개했다. 그는 '겁쟁이 경영'을 실천하고 있다. 사업 확대를 위한 투자는 최소로 억제하고, 이익은 최대로 축적한다. "눈앞의 매출에 사로잡히지 않고, 저축을 늘려 비즈니스 수명을 늘려가는 게 중요하다. 코로나 위기가 1, 2년 이어져도 우리 회사는 헤쳐나갈 수 있다."고 자신한다.

이런 겁쟁이 경영의 결과 몽벨의 자기자본비율은 80%를 넘는다. 재무 안전성 측면에서 일본 최대 기업인 도요타자동차(38%), 캐논

(56%)보다 훨씬 앞선다. 내부 유보를 많이 하고, 신규 사업에 소극적인 '일본식 경영'에 대한 국내외 일부 투자자들의 비판도 있지만, 코로나 쇼크가 덮친 현재 풍부한 자본이 회사의 큰 강점이다.

몽벨처럼 불황기에도 쉽게 흔들리지 않는 강소 제조기업들이 세계 3위 규모의 일본경제를 지탱하는 버팀목이다. 일본식 경영의 뿌리인 '모노즈쿠리'의 힘이기도 하다. 흔히 '장인 정신'으로 번역되는 모노즈쿠리는 경영자나 근로자들이 일을 하는 목적은 단지 돈을 벌거나 물건을 만들기 위해서가 아니라 상품 제조에서 완성도를 높여 자신의 '존재 가치'를 찾는 삶의 철학이다.

코로나 쇼크로 국제 무역 감소와 내수시장 축소가 상당 기간 이어질 가능성이 크다. 기업의 '외형 성장'과 '확대' 보다 '기업의 영속'과 '품질'을 중시하는 일본식 경영이 코로나 불황기에 효력을 발휘할 것인가.

• 일본식 경영 •

일본의 고도 경제 성장과 사회 안정을 가져온 '일본형 자본주의'와 기업 운영 방식인 '일본식 경영'은 일본 사회의 존립 기반이다. 2차 세계대전 이후 전쟁 폐허에서 국가 재건을 위해 경제 발전을 추진했기 때문에 일본형 자본주의는 국가(관료) 주도로 기업(자본가), 근로자(노조)가 손을 잡는 형태로 진행됐다. 1980년대 일본이 세계 2위 경제 대국으로 부상하면서 미국, 유럽에서는 일본을 '사회주의적 자본주의' '일본 주식회사'라고 명명했다. 노사가 경쟁 관계가 아니라 하나의 운명 공동체였다. 국가 구성원들이 합심해 경제 발전에 나서면서 국가 전체가 하나의 주식회사처럼 정교하게 움직였다.

일본식 경영의 3대 특징으로 '종신 고용' '연공 서열제' '기업 내 노동조합'을 꼽는다. 종신 고용과 연공서열제는 일본 사회의 안정을 가져왔다. 기업 내 노동조합은 노조가 개별 회사별로 결성되면서 노사협상 때 회사 이익을 우선하는 형태로 하는 노사문화가 자리잡는 배경이 됐다. 기업의 영속과 고용을 중시하는 일본식 경영 아래에서 경영의 우선순위는 직원(종업원)- 소비자- 주주(자본가) 순이다. 장기 침체를 겪으면서 기업들의 채산성과 경쟁력이 떨어지고, 일본식 경영의 약점이 부각돼 일본식 경영도 변화하고 있다.

도요타자동차, 80년 만의 결단

    2020년 6월 말 도요타자동차는 미쓰비시UFJ은행, 미쓰이스미토모은행, 미즈호은행과 함께 800억 엔(약 9,000억 원) 규모 '우주개발 투자펀드'를 만들었다. 이 펀드는 미래 성장 분야인 로켓, 인공위성 등 우주개발에 참여하는 신흥 기업에 집중투자할 예정이다. 앞서 도요타는 일본 우주항공연구개발기구(JAXA)와 유인 달 탐사 차량을 공동 개발하는 계획을 발표하기도 했다.

    일본 최대 기업 도요타자동차의 변신 속도가 빨라지고 있다. 경기 침체에다 코로나 사태까지 터져 글로벌 자동차 시장 전망이 불투명해졌기 때문이다. 직기織機업체에서 출발해 1937년 자동차산업에 처음 진출한 이후 80여 년 만에 주력 사업을 바꾸는 도요타가 생사生死의 갈림길에 섰다. 올 7월로 취임 12년째를 맞은 도요다 아키오 사장이 '자동차 회사'에서 '모빌리티 회사'로 탈바꿈하는 작업을 진두지휘하고 있다.

도요타자동차는 모빌리티업체로의 전환을 위해 보유 중인 굴뚝산업 주식을 팔고, 미래 자동차 관련 주식을 사들이고 있다. 일본제철, 절삭공구기업 OSG, 차량 전구회사 이시미쓰공업, 산업용 벨트제작업체 미쓰보시벨트 등 4개 협력업체 주식을 최근 1년 새 전량 매각했다. 대신 NTT, 스즈키, 미국 우버 등 'CASE(커넥티비티, 자율주행, 차량공유, 전동화)'로 불리는 미래차 주식을 매입했다. CASE 업체인 미국 MS, 중국 CATL, 일본 소프트뱅크, 파나소닉 등과의 전략적 제휴도 숨가쁘게 진행되고 있다.

도요다 아키오 사장은 2년 전 '모빌리티 회사'의 장기 비전을 공식석상에서 처음 공개했다. 자동차 시장 침체와 산업구조 변화가 도요타그룹의 불가피한 변화를 재촉하는 배경이다. 지난해 도요타의 세계 판매 대수는 전년보다 0.2%, 영업이익은 1.0% 줄었다. 2020년에는 코로나 쇼크 여파로 매출과 영업이익 모두 두 자릿수 이상 감소할 전망이다.

4차산업시대를 맞아 자동차산업의 업종 경계도 무너졌다. 미국 구글, 아마존, 애플과 중국 바이두, 알리바바 등 이 업종 업체들이 잇따라 자동차 시장에 뛰어들었다. 급기야 7월 1일에는 신생 전기차업체 테슬라의 시가총액(종가기준)이 2,065억 달러를 기록, 자동차업계 1위를 지켜온 도요타자동차(2,020억 달러)를 사상 처음으로 제치는 일까지 벌어졌다. 두 회사간 격차는 2020년 하반기에 더 벌어지고 있다.

아키오 사장은 2009년 6월 취임 이후 동일본대지진, 해외시장에서 1,000만 대 대량 리콜 등 잇따른 악재를 딛고 도요타를 안정적으로 키워왔다. 그는 도요타그룹의 4세대 경영자로, 1937년 설립된 도요타자동차 창업자인 도요다 기이치로의 손자이다. 아키오 사장은 코로나 위기 속에 임직원들에게 "80여 년 전 자동차산업에 신규 진출할 당시 '기존 사업에만 매달리는 회사는 오래 생존할 수 없다'는 조부의 말씀을 늘 가슴에 새기고 있다."고 자주 강조한다. 그는 올 초 CES세계가전전시회에서 "자율주행 전기자동차가 달리고, 로봇 등 첨단 기술이 모이는 스마트 도시를 건설하겠다."는 새로운 계획도 밝혔다.

일본인들의 도요타자동차 사랑은 대단하다. '도요타자동차=일본'으로 생각하는 소비자들이 무척 많다. 제조업 강국 일본을 선두에서 이끌고, 1980~1990년대에 '세계 최고 일본Japan as NO.1'의 명성을 쌓은 주역이 도요타자동차였기 때문이다. '가이젠改善'으로 대표되는 도요타의 품질개선 방식은 일본업계에서 성공 방정식으로 통한다. 80여 년 만에 업태를 바꾸는 도요타그룹의 변신 소식에 자꾸 눈길이 간다.

• 도요타자동차 •

도요타자동차는 일본 대표 기업이다. 주식 시가총액, 매출, 종업원 수에서 1위이다. 제조 강국 일본의 모노즈쿠리를 상징하는 도요타는 소비자들로부터 품질로 신뢰를 받고 있다. 도요타는 연간 1,000만 대의 차를 생산하는 세계 최대 자동차 업체이기도 하다. 자동차 브랜드로 도요타, 히노, 렉서스Lexus, 랜츠, 사이언이 있다. 2020년대 들어 전기자동차의 보급 확산으로 자동차 시장이 급변하자 우주항공, 미래도시 건설 등 다양한 신규 사업에 진출하고 있다. 회사명은 도요타Toyota이지만, 오너 가문 이름은 도요다Toyoda이다. 일본 한자는 '豊田'으로 같고, 발음만 다르다.

오너 가문 출신인 도요다 아키오 현 사장은 도요타자동차 회사 기준 3세대, 도요타그룹 전체로는 4세대 경영자이다. 도요타그룹의 시조로 불리는 도요다 사키치豊田佐吉는 1867년 태어났다. 그는 자동직기를 발명한 데 이어 1924년 당시 세계 최고 수준으로 평가받는 'G형 자동직기'를 완성했다. 사키치의 장남인 도요다 기이치로豊田喜一郎가 도요타 방직기 제작소 내에 자동차연구실을 만들어 자동차산업에 진출했다. 1937년 도요타자동차공업주식회사가 공식 출범했다. 도요타자동차는 1941년 12월 태평양전쟁이 시작되자 군수용품, 트럭 등을 생산했다. 1955년 크라운Crown이 출시됐고, 1989년 미국 시장을 겨냥해 고급 브랜드 렉서스를 선보였다.

일본 게이단렌 회장의 '디지털 혁명'론論

　게이단렌일본경제단체연합회이 일본 사회 현안에 대해 적극 목소리를 내고 있다. 2020년 5월 게이단렌은 포스트 코로나 시대의 일본경제 미래를 담은 제언을 발표했다. 재계 대표인 게이단렌 회장은 언론 인터뷰와 기고를 통해 정부의 코로나 대응을 비판하며 '디지털 혁명'을 주창하고 있다. 종이서류와 도장, 팩스 같은 아날로그 시스템으로는 일본의 국가 경쟁력이 더 떨어질 수밖에 없다는 위기감에서다.

　게이단렌 회장은 일본에서 '재계 총리'로 불린다. 1980~1990년대 일본경제 전성기에 비해 그 위상이 다소 떨어지긴 했지만, 여전히 영향력이 막강하다. 게이단렌은 정치자금으로 보수 자민당의 장기 집권을 후원해왔다. 버블거품 경제 당시 "재계가 정부를 뒤흔드는 구조"라는 평가가 나올 만큼 총리 교체에도 깊숙이 관여했다. 일본의

'자유주의 경제체제'를 지키는 기본 축이 정치가·관료와 재계 리더들이다.

게이단렌의 공식 명칭은 '사단법인 일본경제단체연합회'이다. 일본 대표 기업 1,441개, 제조업 및 서비스업 등 주요 업종별 전국 단체 109개, 지역별 47개 경제단체로 구성돼 있다. 2차세계대전 패전 다음 해인 1946년 8월 설립됐다. 일본경제의 자율적인 발전과 국민생활에 기여하는 것을 목적으로 한다.

지금까지 게이단렌은 '회장 비전'을 통해 정부보다 한발 앞서 일본이 나가야 할 방향을 제시해왔다. '활력과 매력이 넘치는 일본을 향해'(2003년), '희망의 나라, 일본'(2007년), '풍요롭고 활력 있는 일본의 재생再生(2015년)' 등이다. 2000년대 초반 오쿠다 히로시 회장(도요타자동차 회장)은 고이즈미 준이치로 총리가 주도한 경제재정자문회의 민간위원을 맡으면서 정부의 주요 회의에 게이단렌 회장이 참여하는 전통을 세우기도 했다.

취임 3년차를 맞은 나카니시 히로아키 14대 게이단렌 회장(히타치 회장)은 디지털 사회로의 변혁을 담은 '디지털 트랜스포메이션(디지털 전환·DX)' 전략을 정부보다 한발 앞서 선보였다. DX는 디지털 기술과 데이터를 활용해 사회·산업·생활의 존재 형태를 근본적으로 바꾸는 것이다. 히타치 등 대기업을 중심으로 화상회의는 빠르게 정착돼가고 있다.

나카니시 회장은 최근 문예춘추 인터뷰에서 "코로나 위기 국면은 일본이 변할 수 있는 마지막 기회"라며 "기반 산업이 튼튼한 일본경제는 디지털 혁명으로 다시 살아날 것"이라고 자신했다. 이어 "원격 근무, 코로나앱 활용에서 정부 부문이 가장 느리다."고 지적한 뒤 "아베 총리가 리더십을 발휘해 디지털 혁명에 과감하게 나서라"고 촉구했다. 그는 또 '10~15년 단위로 커다란 변화를 해온 일본 산업계에 대격변이 일어날 것'으로 전망했다.

대담한 '디지털 혁명'을 재촉한 게이단렌의 제언은 큰 반향을 불러일으켰다. 7월 초 정부가 발표한 '일본경제 기본방침 2020'에도 디지털화 대책이 최우선 정책 과제로 녹아있다. 아베정부는 '디지털 뉴딜' 용어를 도입하고, 디지털화 추진에 강한 의지를 내보였다.

일본인들은 평상시 '변화'보다 '안정'을 선호하는 경향이 다른 나라에 비해 강하다. 웬만해선 기존 관습이나 제도를 잘 바꾸려하지 않는다. 1868년 메이지유신 이후에는 별다른 사회 변동이 없었다. 2차 세계대전 패전 이후에도 일왕제(천황제)가 유지되고, 정치 지도층도 거의 바뀌지 않는 보수 사회이다. 그런 일본에 코로나 쇼크가 디지털 혁명을 몰고 왔다.

• 게이단렌 •

1980~1990년대 일본경제 전성기에는 못 미치지만, 게이단렌의 사회적 역할은 크다. 일본 사회가 '정치'보다는 '경제' 우위 사회이기 때문이다. 재계를 대표하는 게이단렌의 공식 명칭은 '사단법인 일본경제단체연합회'이다. 게이단렌은 일본의 대표적 기업, 제조업 및 서비스업 등 주요 업종별 전국 단체, 지역별 경제단체로 구성된다. 제2차 세계대전 종전 다음해 1946년 8월 설립됐으며, 1961년 사단법인이 됐다. 2009년 도쿄에 새 게이단렌 회관이 완성됐다. 2012년 3월 사단법인에서 일반법인으로 전환했다.

게이단렌은 기업과 기업을 지탱하는 개인 및 지역의 활력을 끌어내고, 일본경제의 자율적인 발전과 국민생활에 기여하는 것을 사명으로 한다. 2020년 현재 히타치그룹 회장 출신의 나카니시 히로아키가 14대 게이단렌 회장을 맡고 있다. 게이단렌은 설립 이후 중요 정책 제언 책정과 그 실현을 위해 힘써왔다. 재계가 직면한 내외의 광범위한 중요 과제에 대해 경제계의 의견을 취합해 정치, 행정, 노동조합, 시민 등 관계자들과 대화를 진행하고 있다. 게이단렌 회원 기업에 대해 '기업 행동 헌장'의 준수를 요청, 기업에 대한 신뢰 회복에 힘쓰고 있다.

'코로나 쇼크'로 달라진 일본 기업

    코로나 사태 6개월이 지나면서 '아날로그'식 일본 사회의 단점들이 고스란히 드러났다. '대면·서면·인감'으로 대표되는 기존 제도와 업무 방식을 고집하는 정부조직과 관료들이 코로나 대응에 특히 무능한 것으로 확인됐다. 이에 비해 변화를 꺼렸던 보수적인 일본 기업들은 생존을 위해 과감한 혁신에 나섰다.

    창립 150주년을 2년 앞둔 화장품 메이커 시세이도資生堂는 종신고용, 연공서열의 '일본식 경영' 탈피를 선언했다. 일의 질이나 성과로 평가하는 'JOB형' 인사제도를 2021년 1월부터 일반사원 3,800여 명을 대상으로 도입한다. 이 회사는 한 우물을 파온 대표적인 장수기업으로, 세계 화장품업계 5위에 올라 있다. "더 좋은 세상을 위한 미美의 혁신"를 사명使命으로 삼고 있다.

관리직을 대상으로 하는 JOB형 제도는 ▲영업, 개발, 마케팅 등 20개 부서에서 각 자리에 맞는 직급 설정 ▲사원은 자신이 가진 전문성이나 직무 경험을 고려해 희망하는 직위를 요청 ▲회사 측은 직위로 정한 전문성이나 경험에 대해 사원의 적성을 보고 직급을 정하고, 요건을 채운 자리에 사원을 등용하는 게 골자. 직위를 받은 사원은 직속 상사와 면담해 달성 목표와 구체적 계획을 결정하고, 직무기술서를 기술한다. 회사 측은 사원들의 목표 달성에 따라 급여나 다음 직위를 결정한다.

우오타니 마사히코 시세이도 사장은 "다양한 개성을 가진 사원을 등용해 경영 효율을 높이자는 게 새 제도의 목적"이라고 말한다. 여성과 외국인의 참여를 늘리고, 신입사원부터 경력직, 외부 스카우트 등의 형태로 인재를 충원하기로 했다. 대졸자 일괄 채용, 연공서열, 종신고용 같은 일본식 고용 관행이 현재 기업환경과 동떨어진 제도라는 반성에서다.

코로나로 큰 타격을 입은 여행업계도 변화 바람이 거세다. 업계 1위 JTB는 '탈 여행회사'를 목표로 탈바꿈하고 있다. 2020년 6월 취임한 야마키타 에이지로 사장이 혁신을 주도하고 있다. 가장 주력하는 부분이 온라인 서비스 강화이다. 지난 6월부터 웨딩플랜 온라인 상담을 시작했다. 전문요원이 여행과 예식을 결합한 플랜을 제안하는 상품이다. 원격으로 여행을 상담하거나 여행안내를 하는 서비스도 준비 중이다.

야마키타 사장은 "JTB가 여행사라는 생각을 진작 버렸다."고 강조한다. 새로운 회사는 '교류 창조를 해나가는 기업'이다. 이를 위해 여행 이외 신 시장 개척에 힘을 쏟고 있다. 지금까지 여행을 통해 많은 기업이나 단체와 네트워크를 보유한 강점을 살려 색다른 서비스 상품을 만들고 있다. 해외 출장이 불가능한 기업을 위한 온라인 상품전시회나 원격 주주총회 개최 등이다.

고도 경제 성장과 사회 안정을 가져온 '일본형 자본주의'는 일본 사회의 존립 기반이었다. 일본은 2차세계대전 패전 이후 전쟁 폐허에서 국가 재건을 위해 경제 발전을 추진했다. 때문에 일본형 자본주의는 국가(관료) 주도로 기업(자본가), 근로자(노조)가 손을 잡는 형태로 진행됐다. 폐쇄적인 일본시장을 배경으로 4차산업혁명과 글로벌 시장 변화에 둔감했던 일본 기업들이 '코로나 쇼크'를 계기로 변신에 성공할지 지켜볼 일이다.

• 시세이도 •

시세이도資生堂는 장인 정신이 스며들어 있는 일본 대표 장수기업이다. 1872
년 도쿄 긴자의 시세이도약국에서 출발, 1927년 주식회사로 확장했다. 매출은
1조1,315억엔, 직원 수는 4만여 명에 달한다.(2019년 기준) 일본에서 가장 역사
가 긴 화장품업체인 시세이도는 글로벌 기업이다. 세계 120여 개국에 진출했
으며, 해외 매출 비중이 50%를 넘는다. 본사 공용어가 영어이며, 회사 홈페이
지도 영어와 일본어로 병기돼 있다. 회사의 본업인 '뷰티 비즈니스'로 사회의
당면 과제를 해결하고, 사람들이 행복하게 사는 '지속가능 사회를 실현하는
것'이 경영 목표이다.

시세이도는 1872년 창업 이후 끊임없이 혁신해왔다. 싱품과 서비스뿐만 아니
라 문화와 삶의 방식을 관찰해 항상 새로운 가치를 창조했다. 1892년 매장에
서 소다수 판매를 시작, 일본 최초로 소다수와 아이스크림의 제조판매업에
나섰다. 1897년에 화장품업계에 진출했으며, 1959년 시세이도 미용학교를 개
교, 교육사업에도 진출했다. 1963년에는 이탈리아 밀라노에서 매장을 열어
유럽시장 수출을 시작했다. 2020년 현재 화장품뿐만 아니라 식품(미용 및 건
강식품과 의약품)과 프런티어 사이언스 사업(의료용 의약품 및 미용 의료, 원
자재), 면세점 사업, 고급 레스토랑 사업을 전개하고 있다.

일본의
사회와 문화

3장

교토대 VS 도쿄대

일본이 2019년 노벨화학상을 받은 10월9일 환호성을 터뜨린 대학은 개교 122주년을 맞은 교토대京都大였다. NHK 등 주요 방송은 수상자 배출로 들뜬 교토대 캠퍼스와 교수, 학생들의 모습을 하루종일 내보냈다. 교토대 총장은 "우리대학의 '자유' 학풍이 노벨상 수여에 기여했다면 대단히 영광스러운 일"이라며 "이번 수상이 학생과 젊은 연구자들에게 큰 격려가 될 것으로 기대한다"며 명문대의 자부심을 드러냈다.

일본인으로 24번째 노벨과학상 영예를 안은 요시노 아키라吉野彰 (71) 아사히카세히 명예 펠로우는 교토대 공학부를 졸업한 뒤 모교에서 석사를 받았다. 이번 수상으로 일본은 자연과학 부분 노벨상 수상자 숫자에서 미국에 이어 세계 2위를 차지, 과학기술의 저력을 다시 확인시켜줬다. 일본인 노벨상 수상자는 문학상과 평화상을 포함해 28명으로 늘어났다. 대학 학부 기준으론 일본 국내 대학 27명, 외국 대학 1명씩이다.

요시노 동문의 수상은 교토대학으로서도 매우 의미 있는 기록이다. 8번째 노벨상 졸업생이 나와 도쿄대학과 어깨를 나란히 하게 됐다. 글로벌 대학평가기관인 영국 THE(타임즈고등교육) 2019년 아시아대학 평가 순위에서도 도쿄대 8위, 교토대 11위로 치열한 접전을 벌였다. 하지만 교토, 오사카, 고베 등이 중심인 간사이關西지역 주민들은 일본 최고 대학이 어디냐고 물으면, 주저 않고 '교토대'라고 답한다. 회사 업무로 2000년대 초반 간사이 지방에 거주할 당시 만난 그곳 사람들은 '교토대'에 대한 자부심이 대단했다. 지역구 국회의원이나 주요 기업 CEO(최고경영자)들도 이들 3개 도시의 국립대학 출신들이 많다.

일본의 동부 도쿄대와 서부 교토대간 자존심 대결은 오랜 역사에서 기인한다. 간사이 사람들이 중세시대 1,000년 이상 수도였던 교토의 '교토대'를 최고로 내세우는 데는 동서東西간 지역 감정도 한몫을 한다. 대혼란기인 전국시대를 통일한 도쿠가와 이에야스의 세력 근거지가 에도江戶(도쿄의 옛 이름)였기 때문이다. 그는 동부지역 영주들을 이끌고 오사카성에 자리 잡은 도요토미 히데요시의 아들을 멸망시켰다. 1603년 도쿠가와막부가 문을 열면서 정치, 경제, 교육의 중심이 교토에서 도쿄로 옮겨갔다. 교토, 오사카 사람들의 자존심은 큰 상처를 입었다.

국립 도쿄대와 교토대는 메이지시대인 1886년 공포된 제국대학령에 따라 설립됐다. 2019년 하반기에 즉위식을 가진 나루히토德仁는 126대, 메이지明治는 122대 일왕이다. 메이지 일왕(천왕)은 근대화를 위해 일본내 7곳에 대학을 설립했다. 대표 명문대학으로 꼽히는 도쿄, 교토, 도호쿠, 규슈, 홋카이도, 오사카, 나고야 국립대학의 뿌리이다. 노벨상 배출자는 도쿄대와 교토대가 8명, 나고야대(3명), 홋카이도대(1명), 도호쿠대(1명) 순이다. 오사카대도 박사학위 기준으로 2명의 노벨 수상자를 가지고 있다. 이들 대학 외에 도쿄공업대학, 도쿠시마대학, 사이타마대학, 야마나시대학, 고베대학, 나가사키대학도 1명씩을 배출했다. 노벨상 수상 동문(학부 기준)을 가진 일본 대학은 모두 11개에 달한다. 도쿄대와 도쿄공대를 제외한 9곳이 도쿄가 아닌 지방에 위치하고 있다.

　노벨상 수상자를 내지는 못했지만 동부의 와세다, 게이오, 조치, 히토츠바시와 서부의 간사이, 도시샤, 리츠메이칸 등 다양한 분야에서 두각을 나타내는 대학들이 있다. 일본에서 살아보면 일본인들의 향토(고향)와 지역대학에 대한 애정을 실감할 때가 많다. 국제적으로 인정받는 지방의 많은 명문대들이 일본이 세계적으로 자랑하는 과학기술과 제조업을 키우고 있다.

• 대학과 학교 교육 제도 •

일본의 기본 학제는 소학교 6년, 중학교 3년, 고등학교 3년, 대학교 4년이다. 현재 교육제도는 2차세계대전 종전 이후 1947년 새로 제정된 '학교교육법'에 따른 것이다. 1868년 탄생한 메이지정부는 유신 성공 이후 학교 설립에 공을 들였다. 근대화, 산업화에 앞선 서구 선진국을 따라잡으려면 국민들의 교육 수준을 높이는 게 절실했기 때문이다. 일본 최초 의무교육제도는 1872년 제정됐다. 1900년에 6세부터 4년제 의무교육이 시작됐고, 1907년에 6년제로 늘어났다. 소학교에 이어 중학교, 고등학교, 실업학교, 전문학교, 대학교 등이 차례로 만들어졌다.

일본에서 역사가 가장 오랜 대학은 수도 도쿄의 도쿄대학으로 1877년 설립됐다. 이후 1886년 공포된 제국대학령에 따라 도쿄제국대학이 됐다. 도쿄에 이어 교토, 도호쿠, 규슈, 홋카이도, 오사카, 나고야 등 7대 제국대학이 국내에 문을 열었다. 이들 대학이 현재도 일본을 대표하는 주요 국립대학으로 수험생들의 선호도가 높다. 일본 제국주의 시대에 조선과 대만에도 제국대학이 1개씩 설립됐다. 히토츠바시대학, 도쿄공업대학, 도쿄외국어대학, 쓰쿠바대학 등도 인기 높은 국립대학이다. 양대 사립인 게이오대학과 와세다대학도 명문대로 손꼽힌다.

고령화 인구 감소로
달라진 일본 사회 풍경

　2019년 11월 초 10여년 만에 중부산악中部山岳국립공원을 둘러봤다. 일본 중부 기후, 도야마, 나가노 현에 걸쳐 있는 고산지대로 일본 내에서 오지로 손꼽힌다. 등산 마니아들이 즐겨 찾는 다테야마立山 등 3,000m급 준봉들이 즐비하다.

　나고야 추부국제공항을 출발해 가슴을 졸이는 산길을 자동차로 3시간 이상 달려 국립공원내 숙박지에 도착했다. 산 정상 작은 산골 마을까지 거미줄처럼 촘촘하게 이어진 국도를 이용했다. 전국 곳곳에 잘 정비된 사회인프라를 실감했다. 차에서 내려 둘러본 농촌과 산촌에는 인적이 드물었다. 가끔씩 만난 사람들도 대부분 노인들이었다. 초중고생은 물론 30, 40대도 별로 눈에 띄지 않는다.

　스키 리조트나 온천에서 2000년대 초반과 크게 달라진 모습을 발견했다. 낡은 호텔에서 서빙이나 시설관리를 하는 많은 직원들이 노년층이다. 고급 휴양지인 시에라리조트 등에서는 젊은 직원들을 볼 수 있다. 동남아, 아프리카계 등 다양한 국적의 사람들이 서비스 업무를 맡고 있다. 산간벽지에서 외국인 근로자를 만나는 건 이제 흔한 일이다. 고령화 인구 감소 사회의 단면들이다.

경제 부국인 G7(선진 7개국) 가운데 인구가 줄고 있는 나라는 일본이 유일하다. 인구는 2018년 기준 10년 연속 감소했다. 인구 센서스에서 2015년 현재 일본 인구는 1억2,709만 명으로 5년 전보다 96만3,000명 줄었다. 지금과 같은 감소 추세가 이어지면, 40년 뒤에는 9,000만명 아래로 떨어질 것으로 예상된다.

고령화 상황은 더욱 심각하다. 65세 이상 인구가 3,514만명(2017년 9월 기준)으로, 전체 인구의 27.7%를 기록했다. 이미 2005년에 65세 이상이 전인구의 20.1%에 달해 초고령 사회에 진입했다. 80세 이상 1,000만명, 90세 이상도 200만명을 넘는다. 고령 인구가 급증하고, 일하는 젊은 노동자는 줄면서 각종 사회문제가 대두되고 있다. 의료, 요양 등 노인복지 비용이 천문학적으로 늘고 있다.

고령자 급증과 인구 감소는 여러 분야에서 변화를 재촉하고 있다. 세계 3대 경제대국으로 단일 혈통을 중시해온 일본에서도 노동력 부족으로 외국인 근로자 수요가 커지고 있다. 일본정부는 그동안 폐쇄적이던 일부 전문직 업종까지 외국인 취업을 허용하는 쪽으로 고용정책을 바꿔가고 있다.

문명학자인 재레드 다이아몬드 UCLA 교수는 저서 〈대변동〉에서

"일본은 부유한 국가 가운데 민족적 동질성이 가장 강한 국가"라고 지적한 뒤 "인구 감소는 식량과 에너지 등 해외자원에 대한 의존도를 줄여 골칫거리가 아닌 이점이 될 것"으로 내다봤다. 또 "노동력 부족을 해결하기 위해 외국인들에게 문호를 개방하는 이민정책의 도입도 필요하다"고 제언했다.

서구 선진국에서도 고령화와 저출산에 따른 사회적 비용 부담을 놓고 구성원간 갈등이 불거지고 있다. 다른 나라보다 한발 앞서 인구감소시대에 접어든 일본이 새로운 위기에 어떻게 대응하고, 변화해갈지 주목된다. 일자리를 찾는 외국인에게는 새로운 기회이기도 하다.

• 초고령 사회 •

인구는 국력을 평가하는 주요 지표 중 하나이다. 일본은 선진국 가운데 고령화가 가장 빠르게 진행되고 있고, 11년째 인구가 줄고 있는 특이한 사례이다. 인구는 내수시장 측면에서 경제 성장에 꼭 필요하다. 1인당 국민소득이 어느 정도 궤도에 올라와야 소비력이 생기기는 한다. 일본의 인구는 1억2,686만명으로 세계 11위이다. 중국 14억3,378만명, 인도 13억6,641만명, 미국 3억2,906만명, 인도네시아 2억 7,062만명, 파키스탄 2억1,656만명 순으로 많다. 우리나라는 5,122만명으로 28위를 기록했다.(2019년 기준)

일본은 선진국 중 고령화 속도가 가장 빠르다. 지난 2005년에 이미 초고령화 사회에 진입했다. 초고령화 사회는 전체 인구에서 65세 이상 비율이 20%를 넘는 경우이다. 65세 이상이 7%를 넘으면 고령화 사회, 14%를 넘으면 고령 사회로 부른다. 일본은 2017년 기준으로 65세 이상이 3,514만명으로 전체 인구의 27.7%를 기록했다. 80세 이상 1,000만 명, 90세 이상도 200만 명을 넘는다. 고령자가 증가하면 의료비, 연금 등 사회복지비가 급증하는 것은 물론 노동력 부족으로 경제 성장률이 떨어진다.

1964년과 2020년의 도쿄올림픽

2020년 초 일본에서 가장 주목받는 핫플레이스는 도쿄의 국립경기장이다. 오는 7월 24일 도쿄올림픽 개막식이 열리는 메인스타디움이다. 전통양식을 살린 국립경기장은 1조7,000억 원이 투입돼 착공 3년 만인 지난달 중순 완공됐다. 새해 첫날 개장 경기로 '전일본축구선수권대회'가 열려 6만여 관중석을 꽉 채웠다. 국립경기장은 방송, 신문의 신년특집에 빠지지 않고 등장해 일본인들의 새로운 '성지聖地'로 떠올랐다.

새해 벽두부터 일본 전국이 올림픽 열기로 뜨겁다. 시민들은 신년 소망을 묻는 질문에 대해 도쿄올림픽의 성공적 개최를 최우선으로 꼽았다. 일본 총리는 대국민 메시지에서 "1964년 열 살 때 본 도쿄올림픽이 아직도 눈에 선하다"며 "반세기 만에 일본에서 다시 열리는

2020년 올림픽을 훌륭하게 치르고 싶다"고 강조했다. 지금까지 각국에서 개최된 올림픽은 스포츠 축제 이상의 의미를 갖고 있다. 아시아에서 처음 개최된 도쿄올림픽은 전쟁 폐허를 딛고 일어선 '일본 경제의 기적'을 국제사회에 과시했다.

제2차 세계대전에서 패한 일본은 한국전쟁 특수와 미국의 경제 지원에 힘입어 1953년부터 고도 성장기에 진입한 뒤 10년 만에 선진국 대열에 합류했다. 1964년, 일본은 선진국 기구인 OECD(경제협력개발기구)에 가입했다. 그해 4월 1일 해외여행이 자유화됐고, 10월 1일 도쿄와 오사카를 연결하는 고속철도 '신칸센新幹線'이 개통돼 시속 200km 시대를 열었다. 하이테크 기술로 무장한 소니 등 일본 기업들은 세계 소비자들을 사로잡았다.

2020년 도쿄올림픽의 의미는 적지 않다. 아시아 국가 중 같은 도시에서 하계올림픽이 두번 열리는 것도 일본이 처음이다. 일본정부는 올림픽을 통해 장기 침체와 2011년 동일본대지진 후유증에서 벗어나 활력을 되찾은 '경제 강국' 이미지를 세계에 알리고 싶어 한다. 현지 언론과 경제연구소들은 도쿄올림픽 후광 효과를 강조하며 장밋빛 전망을 쏟아낸다. 도쿄도(지자체)는 올림픽의 경제 효과가 총 32조3,000억 엔(약 327조 원)에 달할 것으로 추산한다. 니혼게이자이신문은 "올림픽 개최로 발생하는 직간접 고용 효과가 최대 194만 명에 이를 것"으로 예상했다.

하지만, 올해 일본의 실질 경제성장률이 1.4%에 달할 것이라는 정부의 낙관적 전망과 달리 민간에서는 회의적 시각이 적지 않다. 민간 싱크탱크들이 예측한 성장률 평균치는 0.49%로 정부 예상치를 크게 밑돈다. 정치적 악재도 많다. 총리는 물론 장관과 여당의원들의 뇌물 수수 등 잇따른 정치 스캔들로 8년차를 맞은 아베정권의 장기 집권에 대한 비판 여론이 커졌다.

새해 들어 글로벌 이슈가 된 카를로스 곤 전 르노닛산회장의 '탈주극'은 열악한 인권 보호와 사법제도의 미비 등 일본 사회의 민낯을 드러냈다. 최종 수사 결과가 나오면 전모가 밝혀지겠지만, 첩보영화를 방불케 하는 곤 전 회장의 국외 도주 사태는 "해외에 일본회사의 경영권을 넘기지 않으려는 배타적인 일본문화 때문"이라는 분석도 나온다.

1894년 시작된 올림픽은 정치, 종교, 인종 갈등을 넘어서 국가 간 분쟁 해결에 기여해 왔다. 56년 전 첫 번째 도쿄올림픽은 성실과 인내로 절망을 극복한 '일본경제의 부활' 스토리로 지구촌에 희망과 감동을 선사했다. 2020년 도쿄올림픽은 '경제 회복' 외에 어떤 가치를 보여줄까. 아시아 대표 선진국을 자임해온 일본은 지역의 공존공생과 인류 평화에 기여할 책임이 있다. 올림픽 주최국 일본이 주변국들에도 밝은 기운을 주는 한 해가 되기를 기대한다.

* 2020년 1월 칼럼. 코로나 사태로 도쿄올림픽은 1년 연기돼 2021년 7월 개최된다. 하지만 올림픽 공식 명칭은 '2020 도쿄올림픽'을 그대로 사용하기로 했다.

· 도쿄올림픽 경제 효과 ·

올림픽은 지구촌 축제 한마당이다. 올림픽 개최국은 세계 각국의 관심을 모으고, 개최국의 경기 활성화에 도움이 된다. 하지만 제32회 도쿄올림픽은 '축배祝杯'가 아닌 '독배毒杯'가 될 가능성이 높다. 2020년 연말이 되도록 코로나바이러스의 감염 확산세가 수그러들지 않고 있기 때문이다. 도쿄올림픽은 올림픽 역사상 124년 만에 처음으로 연기돼 2021년 7월 23일 개막한다. 국제올림픽위원회(IOC)에 따르면 도쿄올림픽은 열린다 해도 관중 없이 출전 선수만을 중심으로 소규모로 개최될 공산이 크다.

올림픽 연기로 일본은 큰 경제적 손실을 떠안게 됐다. 관광객 유입과 국가 이미지 개선으로 일본경제 회복에 도움이 될 것이라는 당초 기대는 물거품이 됐다. 올림픽 1년 연기만으로도 약 3,000억 엔(약 3조1,000억 원)의 추가 비용이 발생한다. 일본 언론들은 올림픽이 취소될 경우 4조5,151억 엔(약 50조 원)의 손실이 생길 것으로 추산했다. 1990년대 중반 이후 장기 침체와 2011년 3월 동일본대지진의 후유증에서 벗어나 '일본경제 부활'을 세계에 과시하려던 올림픽이 오히려 경제 회복에 짐이 되고 있다는 분석이 나온다.

코로나19로 보는 '일본인'

　'대망大望'은 역사나 정치에 관심 있는 사람들이 한번쯤 읽어보는 대하소설이다. 혼란한 전국시대와 메이지유신(1868년)을 거쳐 군국주의로 치닫는 일본 근대사를 인물 중심으로 그려낸다. 작가 시바 료타로는 이 책에서 '국가 위기 시 일본인의 약삭빠른 의식 전환 능력'을 작은 섬나라가 단기간에 국력을 키운 원동력으로 설명한다.

　세계 대재앙으로 불리는 코로나19의 위기 대응을 보면 국가별 특성이 나타난다. 올 초 코로나19가 발생한 이후 일본의 방역은 느리고, 순발력이 떨어졌다. 당초 7월에 열리기로 했던 올림픽을 개최하려고 막판까지 고집을 피우다가 3월 25일에야 연기 결정을 내렸다. 아베 신조 총리는 긴급사태 선언을 3월 7일, 16일 두 차례에 걸쳐 단계적으로 실시했다.

외출 자제 조치도 강제력이 없이 시민들의 동참을 요청하는 정도였다. 마스크 배포나 긴급재난 지원금을 둘러싸고도 우왕좌왕했다. 전 국민에게 두 장씩 배포한 마스크는 품질이 조악해 "일본이 제조강국이 맞느냐"는 조롱이 쏟아진다. 부족한 소독액이나 방역용품도 복잡한 인허가 절차 탓에 수입하려면 1년이 걸린다고 한다.

일본인들이 코로나19에 둔감하게 반응하는 원인은 무엇일까. "일본인은 자연순응적이어서 코로나에 무리하게 저항하지 않는 듯하다. 한국처럼 바이러스를 강력히 제압할 생각이 애초에 없었다." "올림픽 개최에 미련을 두다가 긴급사태 선언이 계속 늦어졌다. 전통적인 지방분권체제도 방역 활동에 걸림돌이 됐다"는 게 일본인 전문가들의 지적이다.

이런 현상을 어떻게 봐야 하나. 2차세계대전 전후 '일본인'을 파헤친 미국 사회학자 루스 베네딕스의 〈국화와 칼〉에서도 실마리를 찾을 수 있다. '국화'와 '칼'이라는 상징물을 통해 일본인들의 두 가지 극단적 성격을 들춰냈다. "그들은 누구보다도 싸움을 좋아하는 동시에 유순하며, 군국주의적인 동시에 탐미적이다. 불손하면서도 예의바르고, 완고하면서도 적응력이 뛰어나다. 용감하면서도 겁쟁이이며, 보수적이면서도 새로운 것은 재빨리 받아들인다."고 분석한다.

재일 경제학자 국중호 요코하마시립대 교수는 일본인의 특성을 '깊고 좁게' '아날로그 일본' '축적'으로 제시했다. 그는 "알 듯하면서도 전체 이미지가 확실히 잡히지 않는 게 일본"이라며 "기술, 자본,

지식이 많이 축적된 나라이지만 환경 변화에 느리다"고 지적한다.

　지금까지의 코로나19 대응 과정에서는 일본인의 '이중성' 가운데 약점이 더 많이 작용한 듯하다. 예측하지 못한 큰 위기 상황에도 차분하고, 주변 사람들에게 민폐를 끼치지 않으려는 집단 우선 성향의 배려심이 오히려 감염 확산을 키웠다. 기존 제도나 관습을 잘 바꾸지 않는 전통 중시 기질과 외부인에게 '속 마음'(혼네)을 감추려는 '폐쇄성'이 정체를 모르는 '바이러스' 공격에 허점을 드러냈다.

　일본인들은 평소 변화에는 느리지만, 국가적 위기라고 판단되면 혁명적 전환을 해온 사례가 종종 있다. 도쿠가와막부에서 메이지유신이 나타났고, 2차세계대전 패전과 함께 군국주의에서 민주주의와 시장경제체제로 탈바꿈했다. '코로나 사태'는 일본에 대변화의 바람을 몰고 올 것 같다. 아베총리의 8년 장기집권이 막을 내리고 아날로그식 일본인들이 4차산업혁명에 본격 나설지가 관전 포인트이다.

· 일본인의 기원 ·

1만 년 이전 구석기시대부터 일본에는 사람들이 살았다고 한다. 일본열도는 구석기시대에 대륙에서 분리된 뒤 혼슈, 시코쿠, 큐슈, 홋카이도와 수많은 작은 섬으로 만들어졌다. 학계에서는 원주민 '조몬인'과 기원전 10세기부터 기원후 3세기에 걸쳐 중국과 한반도에서 건너온 이주민 '야요이인'을 현재 일본인의 선조로 본다. '야요이인'을 기본으로 '조몬인'이 섞인 혼혈계로 보는 게 다수설이다. 원래 거주했던 원주민과 중국, 한반도, 동남아시아 등지로부터 이주해온 사람, 그리고 원주민과 이주민의 혼혈인 등이 일본인을 구성한다. 신생아들의 다수가 몽고반점을 갖고 태어나 아시아몽ㄱ인종에 속한다.

일본인들은 한국인이나 중국인과 비슷하다고 느낄 때가 많다. 키가 작고 피부색이 짙은 남방계 사람이나 키가 크고 털이 많은 북방계 사람들도 많이 눈에 띈다. 일본열도 원주민에다 외부에서 도래한 다양한 사람들이 섞여 있음을 눈으로도 확인할 수 있다. 한반도 토착민이 도래인으로 일본열도에 진출했다는 것은 유전적 유사성을 넘어 역사적, 지리적으로 추론 가능하다. 이웃 나라 일본인들은 인종적으로 한반도와 상당한 연관성이 있다.

직업이 세습되는 일본 사회

지난 30여 년간 일본경제 현장을 취재하면서 가장 기억에 남는 장면은 2000년대 중반 만난 사카이 시의 '칼 장인'이었다. 사카이에는 세계적인 주방용 식칼 제조업체들이 많다. 연일 35도가 넘는 한여름의 폭염 속에 70대 아버지와 40대 아들이 땀을 뻘뻘 흘리며 벌겋게 단 쇠를 두드려 칼을 만들고 있었다. 이들 부자에게 돈도 많이 벌었는데, 왜 힘든 일을 계속하느냐고 물었다. 아버지가 대답했다. "좋아하기 때문에" "내가 가장 자신 있게 할 수 있는 일이라서"라고 답했다. 아들의 대답도 비슷했다. "가업을 잇고 싶기 때문에 배우고 있다."

일본 제조 대기업들의 글로벌 경쟁력은 1980~90년대 전성기보다 많이 떨어졌다. 반면 '소·부·장(소재, 부품, 장비)'으로 대표되는 기초 산업은 장수기업의 '모노즈쿠리' 덕분에 세계 최고 경쟁력을 지키고 있다. 이들 중소기업 대부분이 대를 이어 사업을 영위한다. 모노즈쿠리는 고도의 기능과 노하우를 가진 장인들이 혼을 담아 제품을 만드는 것을 의미한다.

중소 제조업뿐만 아니다. 자영업도 부모 직업을 계승하는 사람들이 적지 않다. 오사카, 고베, 후쿠오카, 도쿄 등 전국 곳곳에서 부모가 운영하던 매장을 물려받은 점주를 여럿 봤다. 오래된 스시(초밥), 라면, 우동 맛집이나 동네 목욕탕, 잡화점에서 노인과 젊은 자식 부부들이 함께 일하는 모습은 너무나도 흔한 풍경이다.

농업, 임업, 축산업, 어업 등 1차 산업은 말할 것도 없다. 이들 향토 업종에서 가업을 전수하는 것은 아주 당연한 관습으로 자리잡고 있다. NHK 등 방송과 신문들은 전통산업을 이어가는 보통 사람의 삶을 멋지게 부각시키는 프로그램을 일상적으로 내보낸다. 가업을 전수해 70, 80대까지 일하고 소박하게 사는 게 '행복'이라는 인식이 퍼져있다.

상류층에도 직업 세습이 흔하다. 의사, 교수, 법률가 등 전문직과 고위 관료, 정치인 등 권력층도 대를 잇는 사례가 매우 많다. 인기 업종인 의사의 경우 부모 직업이 의사이면, 일반 학생보다 쉽게 명문대 의대로 입학할 수 있는 길이 열려 있다. 주요 사립대의 경우 대학 부설 초등학교에 입학하면, 중·고등학교를 거쳐 의대까지 진학할 수 있다.

국가를 움직이는 최고 권력인 국회에도 세습의원들이 수두룩하

다. 2020년 현재 부모나 조부모, 3촌 이내에 국회의원이 있는 후보
가 동일 선거구에 입후보하는 '세습 의원'이 국회의원의 약 25%에
달한다. 아베 신조 총리가 대표적인 세습 정치인이다. 외할아버지는
기시 노부스케 총리, 외종조부는 사토 에이사쿠 총리이다. 조부인
아베 칸은 중의원을, 부친 아베 신타로는 외무장관을 지냈다.

일본 사회의 강점은 '안정'이다. 웬만한 자연재해, 정치·사회적 위
기에도 크게 흔들리지 않는다. 지식과 자본, 기술이 축적돼 있고, 중
산층이 두터운 덕분이다. 직업과 관계없이 자기가 맡은 일에 최선을
다하고 만족하는 보통 사람들이 많은 것은 분명 큰 장점이다. 하지
만, 본인이 아무리 노력하고 역량이 있어도 권력이 있는 '지도층(상
류층)'에 새로 들어가는 것은 매우 어렵다.

일본은 눈에 잘 보이지 않지만, 아직도 지도층 진입이 닫혀 있는
'계급'이 존재하는 전통 사회이다. 4차산업사회나 디지털 사회로의
전환이 쉽지 않은 것은 폐쇄적인 사회 구조에도 원인이 있을 듯하
다. 포스트 코로나 시대에 일본 사회가 얼마나 변모할지 지켜볼 일
이다.

• 일본의 인기 직업 •

세계 3위 경제 대국인 일본의 직업 종류는 얼마나 될까. 경제 규모가 크고, 시장 경제가 발달한 국가일수록 직업 수는 많아진다. 일본의 직업 수는 후생노동성(2010년 기준)에 따르면 1만7,209개에 달한다. 최근 10년 사이에 IT(정보통신) 혁명이 진행됐고, 인터넷 및 모바일 산업이 급팽창하고 있어 직업 수는 더 늘어났을 것으로 추정된다. 물론, 경제 환경 변화에 따라 사라지는 직업도 많다. 안정 중심의 전통 사회인 일본에서는 대를 이어 직업이 세습되는 것도 큰 특성 중 하나이다.

구직자에게 인기 있는 직업은 시대 변화에 따라 계속 바뀌고 있다. 2020년 9월 기준 일본에서 가장 인기 있는 직업은 약제사로 조사됐다. 이어 프로 스포츠 선수, 금융업 종사자, 유투버(Youtuber), 공무원(일반 행정직), 간호사, 의사, 편집자, 보육사, 경찰관 등이 상위 10위권에 이름을 올렸다.

2020년 9월 하순 출범한 스가 정권에서는 4차산업과 디지털 분야의 직업이 각광받을 것으로 예상된다. 스가 요시히데 총리는 디지털청을 새로 만드는 등 아날로그식 일본 사회를 디지털 중심으로 개혁할 계획이다. 일본에 취업을 희망하는 젊은이들은 새로 늘어나는 디지털 분야의 일자리에 관심을 가지면 기회가 많을 듯하다.

일본 취업,
긴 호흡으로 도전하자

K씨(27세)는 대학 재학중 3년간 일본 취업을 준비한 끝에 2019년 말 큐슈 소재 기업에 합격했다. 기쁨도 잠깐, 2020년 9월이 지나도록 출근을 못했다. 입사일은 회계연도가 시작된 4월 1일. 하지만, 코로나 사태로 일본 정부가 외국인에게 비자 발급을 중단해 입국길이 막혔다. 그래도 이 회사는 해외 입사자들에게 온라인으로 수습교육을 시키고, 월급을 주고 있다.

K씨는 운이 좋은 편이다. 정해진 날짜에 출근하지 않을 경우 입사를 취소하는 회사들이 많다. 어렵사리 취업에 성공하고도, 입사 무효가 되는 사례도 발생했다. 연초 터진 코로나 사태 여파로 예상치 못한 분야로 피해가 확산하고 있다. 2021년도 입사를 준비해온 취준생들도 어려움을 겪기는 마찬가지다. 채용 박람회가 열리지 않는

데다 상당수 기업들이 사원 채용 일정을 연기했다.

반도체 소재의 대한국 수출 규제로 한일관계가 악화하기 이전인 2019년 상반기까지 일본에 취업하는 젊은이들이 급증했다. 한국인의 일본 취업자 수는 2013년 3만4,100명에서 2018년 6만2,516명으로 5년 만에 두 배 가량 늘었다. 2012년 아베정권 출범 이후 경제가 회복됐고, 일본시장에 도전하는 한국 젊은이들이 늘어난 덕분이다. 코로나 감염 확산에 따른 경기 악화에도 2020년 유효구인배율은 1.20대를 유지했다. 구직자들에게 제공되는 일자리는 넉넉한 상태이다.

일본 취업은 질적으로 개선되고 있다. 이전에는 자영업 및 중소기업 중심으로 서비스업종의 단순 일자리 중심이었다. 몇년 전부터 대기업, 금융회사, 지방자치단체 등이 한국인 채용을 늘리기 시작했다. 우리나라 젊은이들의 컴퓨터, 영어 실력이 뛰어난 데다 업무 태도와 조직 적응력에서도 좋은 평가를 받은 덕분이다. 2000년대 들어 일본 대학으로 학부 유학을 간 뒤 현지 취업이 늘어난 것도 배경이다.

그렇다고 일본 취업에 대한 환상은 버리는 게 좋다. 이름난 대기업에 들어간 젊은이들도 2, 3년 안에 중도 퇴사하는 사례가 적지 않다. 회사 조직이 보수적이고, 개인의 개성을 발휘하기 힘든 분위기가 남아 있다. 입사 환영회, 부원 전송회, 승진 등 술모임 성격의 회식 문화도 여전하다. 상사들의 눈치를 봐야 해서 적응에 어려움을 겪기도 한다. 정년이 보장되지만, 입사 초기 임금은 기대에 못 미친다. 일본

기업에서 장기 근속하려면, '개인'보다 '조직', '변화'보다 '안정'을 중시하는 일본적 특성을 감안해야 한다.

우리 젊은이들에게 일본 고용시장은 기회의 땅이다. 지리적으로 인접한 일본은 세계 3위 경제대국이며, 노동인구 감소로 인력 부족이 심각한 상황이다. '디지털 사회'로의 전환에 필요한 일자리 수요도 커져 IT, 소프트웨어, 문화산업 등에서 한국 인재들이 활동할 공간이 넓어졌다. 8년간 장기 집권해온 극우 성향의 아베총리도 9월에 물러나 한일관계는 정상화 조짐을 보인다.

한·일간 격차가 좁혀지면서 양국은 2021년에 대전환기를 맞을 것으로 전망된다. 한국의 지속적인 경제 성장에 힘입어 일본에 기울었던 양국 관계가 균형 쪽으로 재구축되는 과정이다. 지금까지는 일본에서 자금, 기술, 문화를 많이 들여왔으나 앞으로는 일본으로 수출하는 제품이나 산업이 늘어날 것이다. 이에 맞춰 일본 내 한국인 취업 기회는 훨씬 늘어날 것으로 예상된다. 긴 호흡으로 일본 취업에 도전해 보길 권하고 싶다.

• 유효구인배율 •

유효구인배율은 기업들로부터의 구인수(유효 구인수)를 공공직업안정소에 등록된 구직자(유효 구직자수)로 나눈 값이다. 고용 상황으로 일본 경기를 알기 위한 통계치의 하나다. 경제지표로서 중요하며, 후생노동성이 매월 공식 발표한다. '일본경제 부활'을 내세웠던 아베정권은 경제 회복 증거로 유효구인배율을 강조했다.

유효구인배율은 구직자 1인에 대해 몇 사람의 구인이 있는지를 나타낸다. 구직자보다 구인수가 많을 때, 즉 일자리가 넘칠 경우 1을 넘는다. 반면, 취직난일 때는 1을 밑돈다. 유효 구인수는 공공직업안정소를 통한 구인·구직 정보를 이용한다. 구인 정보지 및 전직 정보 사이트의 구인 정보는 포함되지 않는다.

2020년 6월 말 유효구인배율은 1.11을 기록했다. 이는 전달보다 0.09%포인트, 전년 동기보다 0.5%포인트 떨어진 수치이다. 2019년 12월 1.68배 이후 6개월 연속 하락했다. 유효구인배율은 2019년 연간 1.50~1.60대를 유지한 뒤 코로나 사태로 떨어졌다.

일본의
자연과 지리

4장

자연재해 대국大國, 일본

일본에서 공영방송 NHK의 영향력은 대단하다. 국민들의 높은 신뢰를 바탕으로 여론을 주도한다. 자연 다큐멘터리나 국제 기획물은 깊이 있고 품질이 뛰어나다. 이런 NHK가 2019년 연말 특집으로 〈수도 직하지진首都 直下地震〉을 12월 초 내보내 시민들에게 큰 충격을 줬다.

프로그램의 골자는 앞으로 30년 이내에 도쿄의 땅 밑에서 마그니튜드 7.3규모 대지진이 일어날 확률이 70%를 넘을 것이라는 예측이다. 조선인(한국인)들에게 많은 인명 피해를 줬던 관동대지진(1923년) 등 과거 수도권에서 발생한 지진 기록 등을 근거로 예상 피해를 분석, 시뮬레이션한 내용이다. 도쿄시내 에도구, 고토구 등에서 진도 7의 강진이 일어나 최악의 경우 사망자만 2만3,000명, 경제 피해는 95조 엔에 이를 것으로 전망됐다.

피해지역과 사망자의 분포도를 본 지진 연구자들은 "이것은 일본의 '지옥지도'와 가깝다"고 표현했다. 해마다 발생하는 지진에 익숙해진 일본인들이지만, 특집방송을 보고 공포스럽다는 반응이다. NHK는 수도권에서 발생할 대지진에 대비해 인명과 재산 피해를 최대한 줄이자는 취지라고 프로그램 제작 의도를 설명했다.

수천 명 이상의 사망자를 낸 대지진은 최근 30년 사이 일본 동부와 서부에서 두 차례 일어났다. 1995년 1월 오사카와 고베에서 터진 7.3 규모의 한신阪神대지진은 6,000여 명의 희생자를 냈다. 2011년 3월의 동일본대지진은 9.0의 초강진으로 사망 및 실종자가 2만여 명에 달했다. 강진 발생 이후 초대형 쓰나미로 전력 공급이 끊겨 후쿠시마 원자력발전소 가동이 중단됐다. 방사능 누출로 수십만 명이 고향을 떠났고, 아직도 피난생활을 하는 사람들이 있다. 당시 일주일간 현장취재를 했던 필자도 진도 6의 여진을 겪고 공포의 밤을 보내면서 강진의 위력을 실감했다.

2019년 일본에는 대형 태풍도 여러 차례 불어닥쳐 많은 인명과 재산 피해를 냈다. 10월에 중부지역을 강타한 태풍19호로 100여 명이 사망했다. 2018년에도 올해의 한자로 '災(재앙 재)'가 뽑힐 정도로 자연재해가 극심했다. 2020년 여름에도 예외 없이 전국 곳곳에 폭우가 쏟아져 큰 피해가 발생했다. 일본인들은 평생 지진과 태풍을 안고 산다. 누구나 살아가는 동안 규모 7 이상 강진을 한 번 정도는 겪을 가능성이 높다. 지구 온난화 여파로 각국에서 자연재해가 빈발하고 있으나 일본만큼 해마다 큰 피해를 입는 국가는 드물다.

일본은 오랜 기간 거친 자연과 싸우면서도 세계 3위의 경제 규모를 유지하고 있다. 서구식 자본주의 역사가 150년을 넘었으나 '개인'보다 국익 중심의 '국가주의' 성향을 띤다. 주기적으로 찾아오는 대지진 등 자연재해에 맞서 살아남으려면, 공동체와 강한 통치자가 필요하다는 의식이 지배하는 나라이다. 시민단체 활동도 미약하고, 일반인들의 정치 참여도 약하다. 그래서 "정부 말을 잘 듣는 국민" "정치인들이 통치하기 편한 나라"라는 조롱을 듣기도 한다.

한일관계에 예상치 못한 악재가 종종 터지는 배경에는 지리적 특성과 국민성이 자리하고 있다. '강한 일본의 부활'을 내세운 보수 성향 아베 신조 총리가 동일본대지진이 터진 다음해 집권해 8년째 장기 집권한 것은 우연이 아니다. 일본의 자연환경을 알면, 일본인들의 사고방식을 짐작할 수 있다.

· 일본의 자연과 지리 ·

일본은 작지 않다. 왜국倭國이 아니라 대국大國이다. 국토는 남북 3,000km에 걸쳐 7,000여 개의 섬들로 이뤄져 있다. 주요 4개 섬은 혼슈本州, 시코쿠四國, 큐슈九州, 홋카이도北海道이다. 국토 면적은 37만8,000km²로, 중국과 미국의 25분의 1 수준. 대한민국의 면적은 약 9만9,720km²이다. 일본열도는 남북으로 길어 아열대부터 아한대까지 다양한 기후권에 속한다. 수도 도쿄의 연평균 기온은 15.9도이다.

일본열도는 한국의 동해와 태평양 등 사방이 바다로 둘러싸여 있다. 섬 전체가 환태평양지진대여서 화산활동이 활발하다. 아소산 등 60여 개 활화산이 활동 중이다. 지진도 자주 일어난다. 최근 100년 사이에도 1923년 관동대지진, 1995년 한신대지진, 2011년 동일본대지진 등 진도 7을 넘는 강진이 발생해 큰 인명 피해를 냈다. 국토의 약 70%가 산지여서 전국적으로 높고 험한 산들도 많다. 혼슈의 중앙부에는 '일본 알프스'로 불리는 고산들이 즐비하다. 가장 높은 산은 후지산富士山으로 3,776m이다.

수도 도쿄에 닥쳐온 세 번째 대위기

2020년, 도쿄東京는 코로나 사태로 천당과 지옥을 오가고 있다. 연초만 해도 도쿄는 세계인들의 이목을 집중시켰다. 7월 예정됐던 도쿄올림픽은 '강한 일본의 부활'을 내걸고 전국민이 준비해온 축제였다. 코로나19의 확산에도 불구하고 올림픽 개최에 미련을 뒀던 아베 신조 총리는 결국 2020년 3월 하순 뒤늦게 1년 연기 결정을 내렸다.

감염자 확산 추세가 꺾이지 않자 5월 6일을 시한으로 발령됐던 '긴급 사태 선언'도 연장됐다. 8년차를 맞은 아베노믹스(아베 총리의 경제정책)의 성공 무대로 올림픽을 활용하려는 그의 꿈은 물거품이 됐다. 올해 일본경제는 마이너스 성장이 예상된다.

긴급사태 선언 후 한 달이 지나면서 수도 도쿄에는 활기가 사라졌다. 시민들과 관광객들로 늘 붐비던 긴자나 시부야의 번화가도 한산하다. 정부의 휴업 요청으로 유명 레스토랑이나 백화점도 영업을 하지 않는 곳이 대부분이다. 대기업이나 금융기관들의 재택근무 비율은 70~80%에 달한다. 주요 쇼핑가가 문을 닫고, 시민들의 외출을 제한하는 긴급 상황은 2차 세계대전 전쟁 기간을 빼곤 전례가 없던 일이다.

올림픽 특수를 기대했던 항공, 여행, 호텔 등 서비스 업체들은 도산 위기에 직면했다. 도쿄의 관문 나리타공항 이용객 수는 2020년 3, 4월의 경우 전년 동기 대비 1%선에 그쳤다. 도쿄올림픽을 지렛대로 일자리 창출과 경제 활성화를 꾀했던 아베정부의 '관광대국' 목표도 물건너갔다. 일본을 찾은 외국인 관광객은 2013년 1,036만, 2016년 2,403만에 이어 2018년 3,000만 명을 돌파했다. 올 목표로 4,000만 명을 내걸었으나 지난해보다 대폭 줄어들 전망이다. 화려한 축제의 한 해를 기다렸던 도쿄시민들이 코로나로 대재앙에 맞닥뜨려졌다.

도쿄의 원래 명칭은 에도江戸이다. 도쿠가와 이에야스가 1603년 에도막부를 열기 전까지는 교토京都가 1,000년 이상 일본의 수도였다. '도쿄'는 '교토 동쪽에 위치한 수도'라는 의미를 담고 있다. 이에야스와 후계자들은 변방의 적막한 어촌이던 에도의 저지대 습지와 바다를 매립해 대도시의 초석을 쌓았다.

무사 등 상류층의 거류지는 구릉지, 서민들은 저지대로 배치했다. 지금도 도쿄의 북서쪽 고지대에 부촌이 많은 배경이다. 상수도 시설을 정비해 깨끗한 식수를 시민들에게 공급하고, 오폐수를 바다로 흘러가게 만든 현대식 계획도시였다. 초기 인구는 15만 명, 상하수도 보급률은 60%에 달했다.

메이지유신으로 탄생한 신정부는 1868년 7월 '에도' 명칭을 '도쿄'로 바꾼다. 그해 10월에는 일왕(천황)의 거주지를 교토에서 도쿄로 옮겨와 명실상부한 정치, 경제, 문화 중심지로 자리매김했다. 도쿄 인구는 18세기 전반에 100만 명을 넘어섰다. 당시 인구 100만 도시는 전 세계에서 베이징, 런던 등에 불과했다.

최근 100년 사이 도쿄는 두 차례의 대위기를 이겨냈다. 1923년에 관동대지진이 일어나 서민 거주지를 중심으로 수십만 명의 사상자가 발생했다. 2차 세계대전 당시 연합군의 도쿄대공습으로 또다시 비극을 만났다. 1945년 3월 미군의 대공습으로 10만 명 이상이 목숨을 잃기도 했다. 도쿄가 '코로나19'를 극복하고, 일상의 제모습을 찾는 날은 언제가 될까.

• 에도江戸 •

에도江戸는 도쿄의 옛 이름이다. 도쿠가와 이에야스가 '에도막부'를 열기 전까지 에도는 한적한 어촌이었다. 에도막부 초기에는 많은 사람들이 거주하기에 좁아 해안과 하천 매립공사를 통해 도시를 키웠다. 에도의 근거가 되는 에도성城은 15세기 중엽 처음 축성됐다. 에도성은 전국시대에 호조, 다케다, 우에스기 3대 세력의 각축장이었다. 도쿠가와 이에야스가 에도성에 첫 입성한 해는 1590년이며, 4대 쇼군까지 70년에 걸쳐 도시 개발이 진행됐다. 에도 인구는 초기 15만 명에서 1721년께 100만 명을 돌파했다. 18세기 초반 인구 100만 명을 넘는 세계 도시는 도쿄, 베이징, 런던에 불과했다.

1868년 메이지유신으로 탄생한 신정부는 그해 7월 에도의 명칭을 '교토 동쪽에 있는 수도'를 의미하는 도쿄東京로 바꿨다. 같은 해 10월 교토에 있던 일왕(천황)의 거처를 에도성으로 옮겨 도쿄는 명실상부한 수도가 됐다. 도쿄는 대지진, 전쟁으로 큰 피해를 입기도 했다. 1923년 관동대지진으로 수십만 명의 사상자를 냈다. 2차세계대전 말기 1944년 11월부터 종전까지 이어진 연합군의 도쿄대공습으로 10만 명 이상의 사망자가 발생했다. 도쿄는 2021년 7월 도쿄올림픽 개막을 기다리고 있다.

후지산과 일본 백명산百名山

후지산富士山 등산로를 관리하는 중부지역의 시즈오카현과 야마나시현은 2020년 5월 하순 코로나19 바이러스 감염 확산을 막기 위해 통행로를 폐쇄한다고 발표했다. 유네스코 세계문화유산인 후지산은 매년 7~8월 두 달 동안 일반인들의 정상 등정이 허용돼왔다. 후지산 입산이 전면 금지되는 것은 공식 기록으로는 사상 처음 있는 일이다.

불火의 산으로 알려진 후지산은 전설과 신앙의 산이기도 하다. 예전에는 정토신앙을 구한 수행자들이 주로 찾았다. 지금도 깊은 산속 곳곳에 오래된 신사와 절들이 있다. 후지산 정상에 한 번 오르는 것을 일생의 소원으로 꼽는 일본인들도 많다. 매년 국내외에서 20~30여만 명이 후지산을 찾는다.

2006년 7월 초 지인과 함께 후지산을 오른 적이 있다. 전날 밤 10시쯤 출발해 7시간을 걸어 해 뜰 무렵 정상에 도착했다. 그날 두 가지에 놀랐던 기억이 또렷하다. 35도를 넘는 폭염 속에도 정상 인근은 만년설로 덮여있었다. 8개 봉우리로 둘러싸인 분화구는 깊이 200m, 폭 700m 규모로 장대했다. 졸리고 지친 몸으로 좁은 전망대에 발을 딛고 보니 주변 많은 사람들이 한국인이었는 점도 신기했다.

후지산(3,776m)은 일본에서 가장 높다. 1707년 대분화 한 적이 있는 활화산이다. 당시 화산 폭발로 수백km 떨어진 에도(도쿄)까지 화산재가 날아가 2~3cm 쌓였다는 기록이 남아 있다. 후지산은 오를 때보다 멀리서 볼 때 아름다운 산이다. 출발 지점은 북동쪽 요시다구치吉田口 등 4개이다. 보통 등산객들은 대중교통을 이용해 5부능선(표고 2,400m) 주차장에서 내려 산행을 시작한다. 이곳에서 정상까지 6~10시간 정도 걸린다. 고산이기 때문에 초보자들은 1박 2일 코스로 오르는 게 안전하다.

국토의 70% 정도가 산악지형인 일본에는 거칠고 험한 산들이 많다. 혼슈(본섬) 중부에는 기타다케(3,193m), 야리가다케(3,180m), 다테야마(3,015m) 등 3,000m급 산들이 줄지어 있다. 이 고산지대를 유럽의 알프스와 비교해 '일본 알프스'로 부른다. 후지산과 기타다케 등 전국을 대표하는 산들이 '백명산百名山'에 들어간다.

백명산은 문인이며, 산악인인 후카다 큐야가 1964년에 펴낸 단행본 〈일본 백명산日本 百名山〉에서 유래한다. 후카다는 도쿄대 재학 때부터 30여 년에 걸쳐 이들 산의 정상에 오른 뒤 등정기를 썼다. 그는 백명산 선정 기준으로 '산의 품격' '산의 역사' '산의 개성'을 꼽았다. 무조건 높은 산이 아니라 웅장하고 아름다우면서도 인문학적 가치가 있는 100개를 골랐다.

올여름 휴가시즌을 앞두고 나온 후지산 입산 금지 조치는 등산 애호가들을 안타깝게 하고 있다. 포스트 코로나 시대에는 여행 패턴이 달라질 것이라는 전망이 나온다. 사람들이 모이는 유명 맛집이나 인기 관광지 대신 인적이 드물고 힐링이 되는 자연생태 여행이 각광 받을 것이라는 예측이다. 깊은 산속에서 마음의 평화를 찾으려는 등산객들이 늘어날 듯하다. 2021년 여름에는 코로나 사태가 종식되고 후지산 등정 길이 다시 열리려나.

• 일본 백명산百名山 •

일본에는 몇 개의 화산맥火山脈이 뻗어 있어 지형 변화가 심하다. 강 길이는 짧고 급류가 흐른다. 산은 험준하고 협곡도 많다. 국토의 70% 정도가 산악지역이어서 곳곳에 명산이 많다. 일본을 다니다 보면, 등산(야마노보리)을 즐기는 사람을 많이 만난다. 갈만한 산들이 많은 덕분에 꽤 이름난 곳을 찾아가도 붐비지 않는다는 것도 일본 산행의 장점이다. 후카다 큐야가 선정한 '백명산'을 모두 오르는 것을 평생 목표로 삼는 산악인들이 적지 않다.

이시카와현 출신으로 도쿄대 문학부에 진학한 후카다 큐야(1903년생)는 대학 시절부터 문학 잡지에 글을 썼다. 그는 대학 중퇴 후 전업 작가로 활동하면서 '일본산악회'에 들어갔다. 전국의 산을 직접 등정하며 산악잡지에 등반기를 연재했다. 후카다가 산행기를 모아 1964년 '일본 백명산'을 단행본으로 펴내면서 이들 산들이 전국적으로 유명세를 탔다. 백명산은 일본 최북부 홋카이도에서 남부 큐슈까지 골고루 산재되어 있다. 한국 관광객들이 많이 찾는 온천지인 쿠사츠시라네산, 아소산도 백명산에 이름을 올렸다. 코로나 사태가 일단락되면, 공기 좋고 물 맑은 백명산을 찾는 관광객들이 늘어날 것으로 예상된다.

신이 많은 나라 일본

일본의 유명한 산을 꽤 다녔다. 국토의 70%가 산악지형이어서 높고 험준한 산이 많다. 전국 곳곳의 산행길에 눈길이 갔던 곳이 신사와 절이었다. 웬만한 산에는 등산로 초입부터 진자神社가 있고, 정상에도 바위나 나무로 만든 작은 진자를 만날 수 있다. 일본은 '자연신의 나라'이다.

산악신앙을 대표하는 산이 중부 지역에 위치한 온타케산御嶽山 (3,067m)이다. 2014년 정상에서 분화구가 폭발해 57명이 사망하고 6명이 실종되는 전후 최악의 화산 피해가 발생했다. 일본 건국설화가 담긴 일본서기에도 온타케산이 등장한다. 고대부터 신토神道의 가장 영험한 장소로 알려져 있다. 수행을 위해 이 산을 찾는 사람들의 발길이 끊이지 않는다. 나가노현과 기후현에 걸쳐 있는 온타케산은 산 입구부터 엄청난 양의 돌 비석과 석상들이 즐비하다.

산뿐 아니라 전국 동네마다 진자를 만날 수 있다. 신토는 일본 고유의 자연 종교이며, 신토의 신을 모시는 장소가 진자이다. 신토에서 말하는 신은 무교로, 초기에는 자연물이나 자연현상을 신으로 섬겼다. 차츰 시간이 지나면서 선조先祖를 모시게 됐다. 신토에는 특정한 교조敎祖가 없으며, 교전敎典도 없다. 일본 신화에 '800만 개의 신'이라는 말이 있다. 나중에 신토는 불교, 유교의 영향을 받아 이론화됐다. 19세기 메이지유신 이후 국교처럼 대우를 받았으며, 천황이 신격화되기도 했다.

진자와 버금갈 정도로 절들도 곳곳에 넘친다. 역사 관광지인 교토, 나라 등에는 1,000년 넘은 사찰들이 산재한다. 시골은 물론 대도시에서도 집안에 조그마한 불단을 만들어 놓고, 불교식으로 조상을 모시는 가정들이 많다. 불교는 600년대 중반 중국과 한반도를 통해 전래되어 한 · 일간 긴 인연을 보여주는 증거이다.

기독교 신도는 전체 인구의 1% 선이다. 16세기 중반 포교가 시작됐으나 봉건질서에 대해 비판적인 걸로 드러나자 도쿠가와막부가 탄압에 나섰다. 1613년에는 외국인 선교사들을 국외 추방시켰으며, 여러 차례 박해를 통해 수만 명의 신도들이 처형됐다. 1637년 큐슈의 아마쿠사와 시마바라에서 기독교도들이 기독교왕국을 꿈꾸며 봉기한 종교전쟁도 있었다. 메이지유신 이후 종교의 자유가 허용되면서 19세기 후반 다시 신자들이 늘어났다. 다른 선진국에 비해 기독교 신자가 많지 않은 것도 일본사회의 특성이다.

일본에서는 출생 때는 신토, 결혼은 신토 또는 기독교, 장례는 불교식으로 치르는 게 일반적이다. 대다수 일본인들은 출생, 결혼, 입학 등 크고 작은 인생사마다 진자를 찾을 정도로 신토와 가장 가깝다. 그래서 일본인들은 보통 일생 동안 세 개의 종교를 접한다는 얘기가 나온다. 각 종단에 따르면 신자 수는 신토 1억 여명, 불교 9,000여만명, 기독교 180만 명 정도. 종교 인구를 모두 합치면 인구의 2배 가까이 된다. 일본인들의 다종교 성향을 보여주는 수치이다.

일본인들은 자연신과 다종교에 거부감이 적다. 이들의 종교적 특성을 알면 일본 사회 이해에 도움이 된다. 2020년 터진 코로나에 대해 일본인들의 공포심이 덜한 것은 종교 때문이 아닐까 생각해 본다. 지인인 일본인 의사는 "일본인들은 코로나도 불가항력적인 자연재해로 보고 체념하는 듯하다."며 "대지진, 화산폭발, 태풍 등 대형 자연재해가 워낙 빈발해 '코로나'도 다른 나라에 비해 상대적으로 덜 위협적으로 느끼는 것 같다."고 분석했다.

• 일본의 종교 •

일본의 주요 종교는 신토神道, 불교, 기독교 등이다. 하지만, 특정 종교를 신앙으로 열심히 믿는 사람은 극소수이다. 일본인들의 현세적, 낙천적 성격이 배경이라고 한다. 수천 년 동안 자연에 순응해 살았고, 외적의 침입이 적은 것도 원인이다. 원래 다신교적인 일본 고유 신토의 영향으로 다른 종교에 대해 관용적인 편이다.

헌법에 따라 종교의 자유는 보장된다. 국교는 없고, 국가적 행사도 종교와 일절 관계없이 치러진다. 국공립 학교에서 종교 교육은 금지돼 있다. 가장 많이 믿는 신토는 2차세계대전 종전 이후 국가와의 관계를 끊고, 각지의 진자마다 다른 신을 모시고 있다.

불교는 6세기경 중국과 한반도를 거쳐 일본으로 전달됐다. 7세기 초반, 성덕태자가 불교에 심취한 뒤 널리 보급됐다. 12세기까지 불교는 귀족들을 위한 종교였으나 13세기부터 서민들 사이에 크게 인기를 얻었다. 무사들 사이에는 '선禪'이 보급됐다. 미술, 문학, 건축 등 일본인의 사상과 도덕, 문화 전반에 불교는 큰 영향을 미쳤다.

기독교(크리스트교)는 1549년 카톨릭의 예수교에 의해 전래 됐다. 17세기 초반 최전성기에는 기독교인이 75만 명에 달했다. 도쿠가와막부는 기독교가 봉건질서에 위협이 된다는 판단 아래 기독교도를 탄압했다. 메이지유신 이후 유럽, 미국과 국교를 열면서 다시 기독교 선교가 활발해졌다. 서구문화의 중심인 기독교적인 정신과 제도는 일본 근대화 과정에서 교육, 사회, 문화에 큰 영향을 미쳤다.

일본에 대한 새로운 생각

초판인쇄	2020년 12월 28일
초판발행	2021년 1월 4일
저자	최인한
책임 편집	권이준, 양승주
펴낸이	엄태상
디자인	권진희
조판	이서영
마케팅	이승욱, 전한나, 왕성석, 노원준, 조인선, 조성민
경영기획	마정인, 조성근, 최성훈, 정다운, 김다미, 오희연
물류	정종진, 윤덕현, 양희은, 신승진
펴낸곳	시사일본어사(시사북스)
주소	서울시 종로구 자하문로 300 시사빌딩
주문 및 교재 문의	1588-1582
팩스	0502-989-9592
홈페이지	www.sisabooks.com
이메일	book_etc@sisadream.com
등록일자	1977년 12월 24일
등록번호	제300-1977-31호

ISBN 978-89-402-9308-9 (03340)